文物藏品定级标准图例

启功题签

《文物藏品定级标准图例》卷次

文物藏品定级标准图例

wenwu cangpin dingjibiaozhun tuli

铜器卷

国家文物局国家文物鉴定委员会

文物出版社

本卷编者：
　　　　高至喜　　郝本性
　　　　王海文　　吴镇烽
责任编辑：
　　　　于炳文
封面设计：
　　　　周小玮
版面设计：
　　　　于炳文
　　　　周小玮
责任印制：
　　　　王少华

目　录

中华人民共和国文化部令

第 19 号

《文物藏品定级标准》已经 2001 年 4 月 5 日
文化部部务会议通过，现予发布施行。

部长　孙家正

2001 年 4 月 9 日

文物藏品定级标准

根据《中华人民共和国文物保护法》和《中华人民共和国文物保护法实施细则》的有关规定，特制定本标准。

文物藏品分为珍贵文物和一般文物。珍贵文物分为一、二、三级。具有特别重要历史、艺术、科学价值的代表性文物为一级文物；具有重要历史、艺术、科学价值的为二级文物；具有比较重要历史、艺术、科学价值的为三级文物。具有一定历史、艺术、科学价值的为一般文物。

一、一级文物定级标准

（一）反映中国各个历史时期的生产关系及其经济制度、政治制度，以及有关社会历史发展的特别重要的代表性文物；

（二）反映历代生产力的发展、生产技术的进步和科学发明创造的特别重要的代表性文物；

（三）反映各民族社会历史发展和促进民族团结、维护祖国统一的特别重要的代表性文物；

（四）反映历代劳动人民反抗剥削、压迫和著名起义领袖的特别重要的代表性文物；

（五）反映历代中外关系和在政治、经济、军事、科技、教育、文化、艺术、宗教、卫生、体育等方面相互交流的特别重要的代表性文物；

（六）反映中华民族抗御外侮，反抗侵略的历史事件和重要历史人物的特别重要的代表性文物；

（七）反映历代著名的思想家、政治家、军事家、科学家、发明家、教育家、文学家、艺术家等特别重要的代表性文物，著名工匠的特别重要的代表性作品；

（八）反映各民族生活习俗、文化艺术、工艺美术、宗教信仰的具有特别重要价值的代表性文物；

（九）中国古旧图书中具有特别重要价值的代表性的善本；

（十）反映有关国际共产主义运动中的重大事件和杰出领袖人物的革命实践活动，以及为中国革命做出重大贡献的国际主义战士的特别重要的代表性文物；

（十一）与中国近代（1840—1949）历史上的重大事件、重要人物、著名烈士、著名英雄模范有关的特别重要的代表性文物；

（十二）中华人民共和国成立以来的重大历史事件、重大建设成就、重要领袖人物、著名烈士、著名英雄模范有关的特别重要的代表性文物；

（十三）与中国共产党和近代其他各党派、团体的重大事件、重要人物、爱国侨胞及其他社会知名人士有关的特别重要的代表性文物；

（十四）其他具有特别重要历史、艺术、科学价值的代表性文物。

二、二级文物定级标准

（一）反映中国各个历史时期的生产力和生产关系及其经济制度、政治制度，以及有关社会历史发展的具有重要价值的文物；

（二）反映一个地区、一个民族或某一个时代的具有重要价值的文物；

（三）反映某一历史人物、历史事件或对研究某一历史问题有重要价值的文物；

（四）反映某种考古学文化类型和文化特征，能说明某一历史问题的成组文物；

（五）历史、艺术、科学价值一般，但材质贵重的文物；

（六）反映各地区、各民族的重要民俗文物；

（七）历代著名艺术家或著名工匠的重要作品；

（八）古旧图书中具有重要价值的善本；

（九）反映中国近代（1840—1949）历史上的重大事件、重要人物、著名烈士、著名英雄模范的具有重要价值的文物；

（十）反映中华人民共和国成立以来的重大历史事件、重大建设成就、重要领袖人物、著名烈士、著名英雄模范的具有重要价值的文物；

（十一）反映中国共产党和近代其他各党派、团体的重大事件，重要人物、爱国侨胞及其他社会知名人士的具有重要价值的文物；

（十二）其他具有重要历史、艺术、科学价值的文物。

三、三级文物定级标准

（一）反映中国各个历史时期的生产力和生产关系及其经济制度、政治制度，以及有关社会历史发展的比较重要的文物；

（二）反映一个地区、一个民族或某一时代的具有比较重要价值的文物；

（三）反映某一历史事件或人物，对研究某一历史问题有比较重要价值的文物；

（四）反映某种考古学文化类型和文化特征的具有比较重要价值的文物；

（五）具有比较重要价值的民族、民俗文物；

（六）某一历史时期艺术水平和工艺水平较高，但有损伤的作品；

（七）古旧图书中具有比较重要价值的善本；

（八）反映中国近代（1840—1949）历史上的重大事件、重要人物、著名烈士、著名英雄模范的具有比较重要价值的文物；

（九）反映中华人民共和国成立以来的重大历史事件、重大建设成就、重要领袖人物、著名烈士、著名英雄模范的具有比较重要价值的文物；

（十）反映中国共产党和近代其他各党派、团体的重大事件，重要人物、爱国侨胞及其他社会知名人士的具有比较重要价值的文物；

（十一）其他具有比较重要的历史、艺术、科学价值的文物。

四、一般文物定级标准

（一）反映中国各个历史时期的生产力和生产关系及其经济制度、政治制度，以及有关社会历史发展的具有一定价值的文物；

（二）具有一定价值的民族、民俗文物；

（三）反映某一历史事件、历史人物，具有一定价值的文物；

（四）具有一定价值的古旧图书、资料等；

（五）具有一定价值的历代生产、生活用具等；

（六）具有一定价值的历代艺术品、工艺品等；

（七）其他具有一定历史、艺术、科学价值的文物。

五、博物馆、文物单位等有关文物收藏机构，均可用本标准其文物藏品鉴选和定级。社会上其他散存的文物，需要定级时，可照此执行。

六、本标准由国家文物局负责解释。

附：一级文物定级标准举例

一级文物定级标准举例

一、玉、石器　时代确切，质地优良，在艺术上和工艺上有特色和有特别重要价值的；有确切出土地点，有刻文、铭记、款识或其他重要特征，可作为断代标准的；有明显地方特点，能代表考古学一种文化类型、一个地区或作坊杰出成就的；能反映某一时代风格和艺术水平的有关民族关系和中外关系的代表作。

二、陶器　代表考古学某一文化类型，其造型和纹饰具有特别重要价值的；有确切出土地点可作为断代标准的；三彩作品中造型优美、色彩艳丽、具有特别重要价值的；紫砂器中，器形完美，出于古代与近代名家之手的代表性作品。

三、瓷器　时代确切，在艺术上或工艺上有特别重要价值的；有纪年或确切出土地点可作为断代标准的；造型、纹饰、釉色等能反映时代风格和浓郁民族色彩的；有文献记载的名瓷、历代官窑及民窑的代表作。

四、铜器　造型、纹饰精美，能代表某个时期工艺铸造技术水平的；有确切出土地点可作为断代标准的；铭文反映重大历史事件、重要历史人物的或书法艺术水平高的；在工艺发展史上具有特别重要价值的。

　　五、铁器　在中国冶铸、锻造史上，占有特别重要地位的钢铁制品；有明确出土地点和特别重要价值的铁质文物；有铭文或错金银、镶嵌等精湛工艺的古代器具；历代名人所用，或与重大历史事件有直接联系的铁制历史遗物。

　　六、金银器　工艺水平高超，造型或纹饰十分精美，具有特别重要价值的；年代、地点确切或有名款，可作断代标准的金银制品。

　　七、漆器　代表某一历史时期典型工艺品种和特点的；造型、纹饰、雕工工艺水平高超的；著名工匠的代表作。

　　八、雕塑　造型优美、时代确切，或有题记款识，具有鲜明时代特点和艺术风格的金属、玉、石、木、泥和陶瓷、髹漆、牙骨等各种质地的、具有特别重要价值的雕塑作品。

　　九、石刻砖瓦　时代较早，有代表性的石刻；刻有年款或物主铭记可作为断代标准的造像碑；能直接反映社会生产、生活，神态生动、造型优美的石雕；技法精巧、内容丰富的画像石；有重大史料价值或艺术价值的碑碣墓志；文字或纹饰精美，历史、艺术价值特别重要的砖瓦。

　　十、书法绘画　元代以前比较完整的书画；唐以前首尾齐全有年款的写本；宋以前经卷中有作者或纪年且书法水平较高的；宋、元时代有名款或虽无名款而艺术水平较高的；具有特别重要价值的历代名人手迹；明清以来特别重要艺术流派或著名书画家的精品。

　　十一、古砚　时代确切，质地良好，遗存稀少的；造型与纹饰具有鲜明时代特征，工艺水平很高的端、歙等四大名砚；有确切出土地点，或流传有绪，制作精美，保存完好，可作断代标准的；历代重要历史人物使用过的或题铭价值很高的；历代著名工匠的代表作。

　　十二、甲骨　所记内容具有特别重要的史料价值，龟甲、兽骨比较完整的；所刻文字精美或具有特点，能起断代作用的。

　　十三、玺印符牌　具有特别重要价值的官私玺、印、封泥和符牌；明、清篆刻中主要流派或主要代表人物的代表作。

　　十四、钱币　在中国钱币发展史上占有特别重要地位、具有特别重要价值的历代钱币、钱范和钞版。

十五、牙骨角器 时代确切，在雕刻艺术史上具有特别重要价值的；反映民族工艺特点和工艺发展史的；各个时期著名工匠或艺术家代表作，以及历史久远的象牙制品。

十六、竹木雕 时代确切，具有特别重要价值，在竹木雕工艺史上有独特风格，可作为断代标准的；制作精巧、工艺水平极高的；著名工匠或艺术家的代表作。

十七、家具 元代以前（含元代）的木质家具及精巧明器；明清家具中以黄花梨、紫檀、鸡翅木、铁梨、乌木等珍贵木材制作、造型优美、保存完好、工艺精良的；明清时期制作精良的髹饰家具，明清及近现代名人使用的或具有重大历史价值的家具。

十八、珐琅 时代确切，具有鲜明特点，造型、纹饰、釉色、工艺水平很高的珐琅制品。

十九、织绣 时代、产地准确的；能代表一个历史时期工艺水平的具有特别重要价值的不同织绣品种的典型实物；色彩艳丽，纹饰精美，具有典型时代特征的；著名织绣工艺家的代表作。

二十、古籍善本 元以前的碑帖、写本、印本；明清两代著名学者、藏书家撰写或整理校订的、在某一学科领域有重要价值的稿本、抄本；在图书内容、版刻水平、纸张、印刷、装帧等方面有特色的明清印本（包括刻本、活字本、有精美版画的印本、彩色套印本）、抄本；有明、清时期著名学者、藏书家批校题跋、且批校题跋内容具有重要学术资料价值的印本、抄本。

二十一、碑帖拓本 元代以前的碑帖拓本；明代整张拓片和罕见的拓本；初拓精本；原物重要且已佚失，拓本流传极少的清代或近代拓本；明清时期精拓套帖；清代及清代以前有历代名家重要题跋的拓本。

二十二、武器 在武器发展史上，能代表一个历史阶段军械水平的；在重要战役或重要事件中使用的；历代著名人物使用的、具有特别重要价值的武器。

二十三、邮品 反映清代、民国、解放区邮政历史的、存量稀少的；中华人民共和国建国以来具有特别重要价值的邮票和邮品。

二十四、文件、宣传品 反映重大历史事件，内容重要，具有特别重要意义的正式文件或文件原稿；传单、标语、宣传画、号外、捷报；证章、奖章、纪念章等。

二十五、档案文书 从某一侧面反映社会生产关系、经济制度、政治制度和土地、人口、疆域变迁以及重大历史事件、重要历史人物事迹的历代诏谕、文告、题本、奏折、诰命、舆图、人丁黄册、田亩钱粮簿册、红白契约、文据、书札等官方档案和民间文书中，具有特别重要价值的。

二十六、名人遗物 已故中国共产党著名领袖人物、各民主党派著名领导人、著名爱国侨领、著名社会活动家的具有特别重要价值的手稿、信札、题词、题字等以及具有特别重要意义的用品。

注：二、三级文物定级标准举例可依据一级文物定级标准举例类推

《文物藏品定级标准图例》前言

依据《中华人民共和国文物保护法》，1987 年中华人民共和国文化部颁布《文物藏品定级标准》，经过多年的实践检验，证明该项标准是基本可行的，但要补充与进一步完善。

国家文物鉴定委员会在多年的文物鉴定工作中积累了丰富的经验。1997 年 3 月，受国家文物局的委托，开始对《文物藏品定级标准》进行修改，国家文物鉴定委员会多次组织专家，历经三年，终于在二十世纪末提出修改方案。经国家文物局反复审核，报经文化部批准，于 2001 年 4 月颁布实施。为了提高文物管理水平，改善、提高对文物鉴定工作的监督作用，早在1997 年 3 月，国家文物局就授权国家文物鉴定委员会编辑出版《文物藏品定级标准图例》。

此次颁布实施的修订后的《文物藏品定级标准》规定：珍贵文物中，具有特别重要历史、艺术、科学价值的为一级文物；具有重要历史、艺术、科学价值的为二级文物；具有比较重要历史、艺术、科学价值的为三级文物；一般文物为具有一定历史、艺术、科学价值的文物。2002 年修订后的《中华人民共和国文物保护法》第三条规定，可移动文物分为珍贵文物和一般文物；珍贵文物分为一级文物、二级文物、三级文物。文物级别的区分，从法律上予以了确认。

国家颁布的文物保护法第四章规定："博物馆、图书馆和其他文物收藏单位对收藏的文物，必须区分文物等级，设置藏品档案，建立严格的管理制度。"

第七章规定"有下列行为之一，构成犯罪的，依法追究刑事责任：

（一）盗掘古文化遗址、古墓葬的；

（二）故意或者过失损毁国家保护的珍贵文物的；

（三）擅自将国有馆藏文物出售或者私自送给非国有单位或者个人的；

（四）将国家禁止出境的珍贵文物私自出售或者送给外国人的；

（五）以牟利为目的倒卖国家禁止经营的文物的；

（六）走私文物的；

（七）盗窃、哄抢、私分或者非法侵占国家文物的；"

执行以上各条款，首先要区分文物等级，因此，文物定级既是文物管理工作的前提和基础，又是打击文物犯罪的犀利武器。实施一切保护文物的法律法规，它的技术前提首先是文物定级。

文物是人类历史文化的遗存物，从不同的领域或侧面反映出历史上人们认识世界、改造世界的状况，是研究、认识人类社会历史的可靠凭证。文物是历史长河中同类物品的幸存者，只有文物能够突破时间和空间的限制，给历史以可以触摸的质感，并成为历史知识与历史形象的载体。文物所具有的认识作用、教育作用和公证作用，构成了文物特性的表现形式。由于文物具有这种特性，所以每件文物都是多种历史信息的综合载体。它所承载的信息量及珍贵程度因物而异，因此文物才可以定级别，才有确定级别的依据。

多年实践经验告诉我们，在运用文物藏品定级标准时，要考虑该类文物藏品的存量、分布、现状、功能、制作及工艺水平，质地和流传经过等诸多因素，进行综合评定。

文物的级别是一个区间。同一个区间，也就是同一个级别的相类文物可有一定差异，换言之，可有其上线及下线。两个相邻级别之间，有着一定的模糊度，有些差异难于量化表现。在文物鉴定工作中，准确的定级是鉴定工作的至高点，也是鉴定工作的归宿。

为了更好地贯彻执行修改后的《文物藏品定级标准》，国家文物鉴定委员会按照国家文物保护法的要求，依据修订后的《文物藏品定级标准》，编纂了《文物藏品定级标准图例》。这套图书具有学术性、实用性和权威性。全书25卷，含37类文物。为编纂此书，国家文物鉴定委员会聘请了几十位专家，他们将多年的经验积累，注入了本书的编写工作之中。每册书稿都经过集体讨论和审定，通过图例形式对《文物藏品定级标准》进行较为准确的形象解释。这将有利于推进国家颁布的《文物藏品定级标准》的实施，使文物藏品的分级管理得到进一步完善，对社会流散文物的管理则会得到进一步加强。由于提高了文物定级工作的透明度，将有利于公正执法。

　　我国历史悠久，幅员辽阔。各地文物藏品的数量、品种、质量极不平衡；各地的文物鉴定工作者在人数、业务水平，以及各自的阅历、素质上，也存在着一定的差异。在去伪存真的前提下，在执行、运用文物藏品定级标准过程中，往往会出现差距，有时甚至出现很大差距。久而久之，在事实上则出现了地方标准和单位标准，这对文物的管理和保护工作十分不利。此套图书的出版发行，将有利于克服这一现象。

　　在编辑出版此书的过程中，得到了有关博物馆（院）、文物研究与收藏单位的大力支持，得到了很多文博专家、学者的帮助。在这里特别要向鼎力支持过本书的已故的 启功 、刘巨成 、朱家溍 先生表示深切地怀念。

　　随着我国文物事业的发展，文物藏品定级工作还会出现新情况、新问题，希望各位专家和读者在阅读使用此书的过程中，提出宝贵意见，以使其日臻完善，这是我们所期盼的。

刘东瑞

2005 年 8 月

《文物藏品定级标准图例》凡例

一 《文物藏品定级标准图例》（简称《图例》）是一套图例系列丛书，按类别分卷。或按质地，如《玉器》、《铜器》；或按功能、用途，如《鼻烟壶》、《印章》；或按艺术品种，如《绘画》、《书法》等。

二 每卷前面所载《文物藏品定级标准》作为本卷《图例》选录的依据。

三 《图例》收录范围，各类根据实际情况确定。如《玉器》选录自新石器时代至1949年以前，《鼻烟壶》选录自清代至1949年以前。

四 每卷内容分为珍贵文物与一般文物两部分。珍贵文物又分为一、二、三级，每个级别所选器物尽量照顾时代与品种。一件文物的图片对其表现完好，文字未注明有损伤，则此物完好。

五 同一类别中相同或相似的文物有明确出土地点的（如墓葬、遗址、地层、水域等），有重要流传经过的，蕴含重要情节的，或与重要历史事件、历史人物相关的，则可适当提高其品位。能否影响文物级别，视具体情况而定。

六 每件文物图片之下均有言简意赅的文字说明。年代一般只注朝代或考古时期。历史纪年用旧纪年夹注公元纪年。公元1000年以前的加"公元"二字，如南朝（公元420～589年）；公元1000年以后的不加，如明永乐（1403～1424年）、清乾隆二年（1737年）；公元前的加"公元前"三字，如西汉建元二年至元光元年（公元前140～前134年）；不便用旧纪年的，用公元纪年或世纪表示。

七 数据均按中华人民共和国法定计量单位书写。

铜器卷序

　　铜器在我国起源甚早，早在距今近五千年的马家窑文化遗址中就出土有小件铜器。稍晚的齐家文化和龙山文化遗址中出土的青铜工具和发现的铸铜遗迹更多，还出土有少量乐器和容器，从而揭开我国青铜时代的序幕。在相当于夏代的二里头文化遗址中出土了大批青铜器，既有工具，也有兵器，还有容器等。这时我国的青铜器铸造已进入发展时期。到了商代后期，青铜器的铸造已发展到了一个全新阶段，青铜礼器已占据了主导地位，特别是一大批精美绝伦的以鸟兽作为装饰的青铜礼器的出现，标志着我国的青铜铸造已进入鼎盛时期。西周时代，青铜铸造业仍在发展，器种增加，有长篇铭文的青铜器大量出现。春秋战国时代虽已进入了铁器时代，但是青铜器的铸造并没有停止，相反，器形纹饰在不断变化，错红铜、错金银、鎏金、贴金等新工艺不断兴起，并有许多精丽璀璨的青铜器问世。

　　古代的"国之大事，在祀与戎"。商周时期，祭祀中使用的礼乐器主要是青铜器。在战争中使用的兵器，也是以青铜兵器为主，就是进入了铁器时代的春秋战国时期，钢铁兵器的数量还较少，仍然大量使用着青铜兵器。还有许多车马器、工具和一些日常用器，也多用青铜铸造。因此，在我国五千年来的历史长河中所铸造的铜器，真是难以数计。特别是青铜礼器，在夏商周时期，为历代统治者所重视，很早就有"夏禹铸九鼎"的传说，春秋时还有楚庄王"问鼎周室"的故事，鼎已成为当时权力与等级地位的象征。西周时，盛行在铜器上铸造长篇铭文，权贵们借以宣扬其祖先的功德和自身的业绩，如征伐、分封、赏赐、交换、祭典以及王臣的各种重要活动，均要作文铸刻在铜器上，希企"子子孙孙永保用之"。青铜器上这些铭文如今已成为我们研究当时社会历史的极为重要的可靠的文献史料。还有许多青铜器，造型优美，纹饰精丽，又是难得的艺术珍品。正因为青铜器以其数量众多，价值很高，地位显赫，因而最早成为人们收藏和研究的文物品类。如1964年江西南昌老福山的一座西汉中期墓中就出土了一件商代晚期的铜瓿；1953年湖南衡阳市蒋家山东汉早期砖室墓（M4）中也出土有商代后期的铜爵和西周的铜觯各一件。这些考古资料说明，早在汉代，确是"郡国往往于山川得鼎彝"（许慎语）并被私人珍藏，死后还带进了坟墓。到了宋代，金石学兴起，古代的青铜器成为当时收藏、研究、著录和仿制的主要对象。清代，对青铜器的研究得到复兴，考据学盛极一时。从宋代直至民国时期有关青铜器的图录、铭文、研究、藏品目录的著作大量印刷刊行。随着青铜器受到权贵、学者们的重视，其价格不断提高，以致仿古和伪造青铜器之风日盛。如宋代仿古和伪造的青铜器流传至今者仍甚夥，清代至1949年的更多，当代尤盛。

在各地收藏的成千上万的青铜器文物中，既有许多文物珍品，也会有不少仿古或伪造之器，可谓鱼龙相混，真伪杂陈，因此，我们在给传世的青铜文物定级之前，首先要鉴定其真伪。仿古铜器大多只取商周铜器的外形，在局部和纹饰等方面，则随意变化，比较容易识别，但对伪器，特别是那些可以乱真者，则要特别注意。作伪的方法，有的全器皆伪，有的用真器改造，有的在真器上加刻铭文或补刻纹饰。我们可以通过观察其外形的破绽、铸造范痕的不同、锈蚀情况的差异（如是假锈则浅薄容易去掉），以及通过强力X光观察其垫片的有无或放置方法等，以判断其是否真器。真伪既明，则应进一步推断其时代，再根据它在当时社会中所处的地位和所起的作用，即它所具有的历史、艺术、科学价值，同时考虑其存量的多少，保存的好坏，分布的地域等多项因素，综合评定其文物级别。

在给铜器文物定级时，首要的是文物本身所具有的历史、艺术、科学价值。有的是三者兼备，有的则具备其中的一项或二项价值。如有的其造型纹饰特别精美，能代表一个时期工艺铸造水平，例如西汉的"长信宫"灯等，应定为壹级文物。

有的铭文重要，能反映重大事件，例如西周初的利簋，记载了甲子朝周武王灭商的史实，具有特别重要的历史价值，当然应定为壹级文物。铭文较一般的定为贰级文物。

有的有确切出土地点，可以作为断代依据的，如西周恭王五年卫鼎，虽然纹饰较简，但其铭文中的纪年在断代上有特别重要的价值，故应定为壹级文物。

有的保存情况欠佳，经过修复，观其造型纹饰奇特稀少，如商代晚期的人面纹方鼎，虽已破成多块修复，但现存仅此一件，仍应定为壹级文物。又如湖北大冶铜绿山出土的战国宽刃大斧，虽然没有纹饰，但器形巨大，重达14.6公斤，是青铜工具之冠，对研究工具史具有特别重要的价值，也可定为壹级文物。

还有的文物虽然只有残件，但内容特别重要，如云南晋宁石寨山出土的人物屋宇饰件，只是某一器物上的一个部件，然而所塑造的人物、屋宇、器皿、家畜等内容特别丰富生动，是研究汉代边陲地区社会生活极为重要的形象资料，仍应定为壹级文物。

有的文物虽然具有特别重要的历史艺术价值，如湖南石门出土兽面纹铜卣，颜色黑亮，纹饰雄伟，腹两侧有小鸟装饰，但已破损，圈足后配，则只能定为贰级文物。

有的文物由于出土地域不同，而具有重要的历史研究价值，如湖南宁乡水塘湾出土的"己🀫"兽面纹分裆鼎，在中原地区，这类器形纹饰均较常见，铭文也少，由于它是从中原地区传入湖南的，反映了商文化向江南的传播和对南方文化的影响，故可定为贰级文物。有的文物在某一地区出土数量较多，而从全国来看，数量并不多，不能因此降低其文物级别，如陕西城固出土的商代人面，仍应定为贰级文物。

总之，我们要给每一件出土或传世的馆藏青铜文物以恰当的级别，以利于今后对文物的分级保管和保护，使中华民族的光辉灿烂的优秀文化遗产能传之永久。

本书收入的铜器以礼器为主，还有部分车马器、工具和日常用器。年代从夏商周至清代，乃至近代时期，而以商周青铜器为主。另有专集的兵器、乐器、铜镜、钱币、仪器、度量衡器、造像、玺印、家具、文房用品等铜质文物本书原则不收。

本书所收入的铜器图例，尽量照顾到各地区和各器类，但铜器数量浩如烟海，器类极繁，分布甚广，只能选择有代表性的铜器，无法面面俱到，其中以壹、贰级文物居多，叁级和一般文物较少。

高至喜于长沙

2006 年 3 月

图版目录

壹级文物

贰级文物

叁级文物

一般文物

FIRST-CLASS CULTURAL RELICS

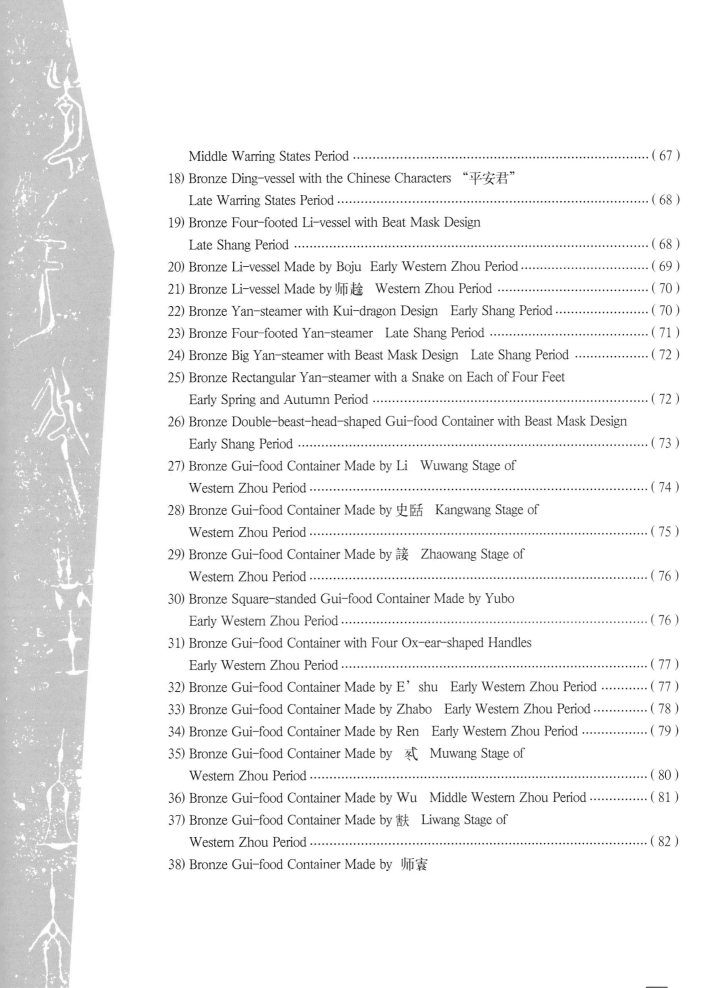

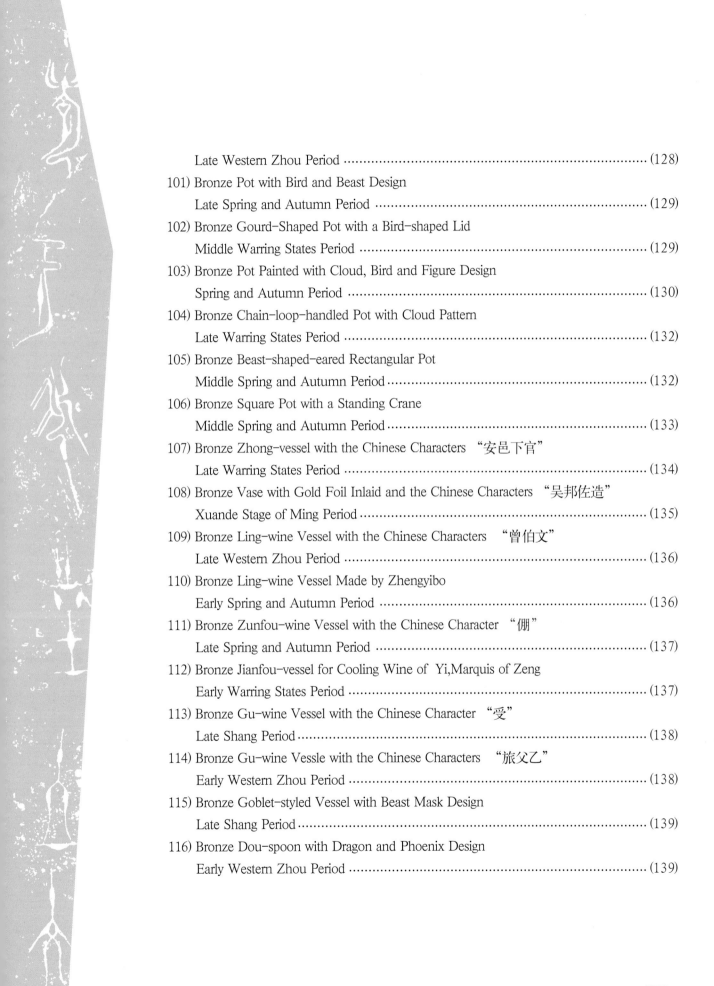

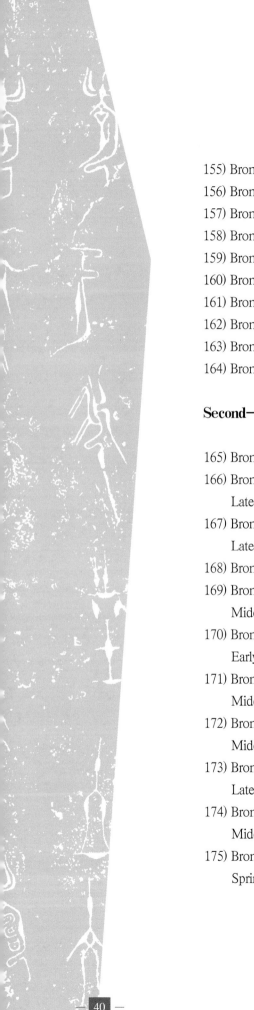

Second-Class Cultural Relics

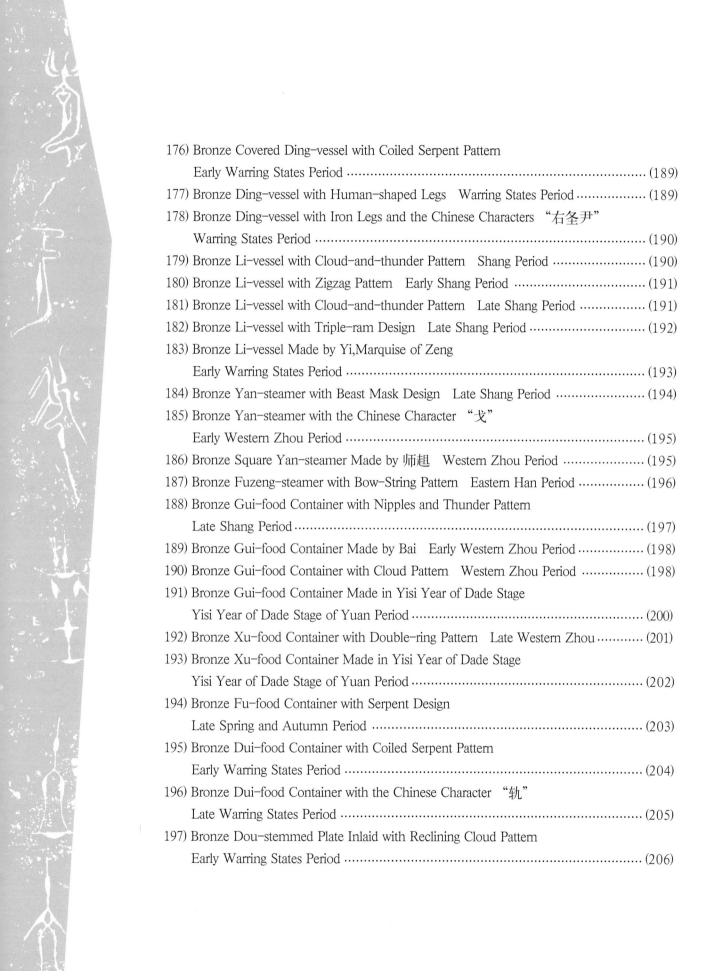

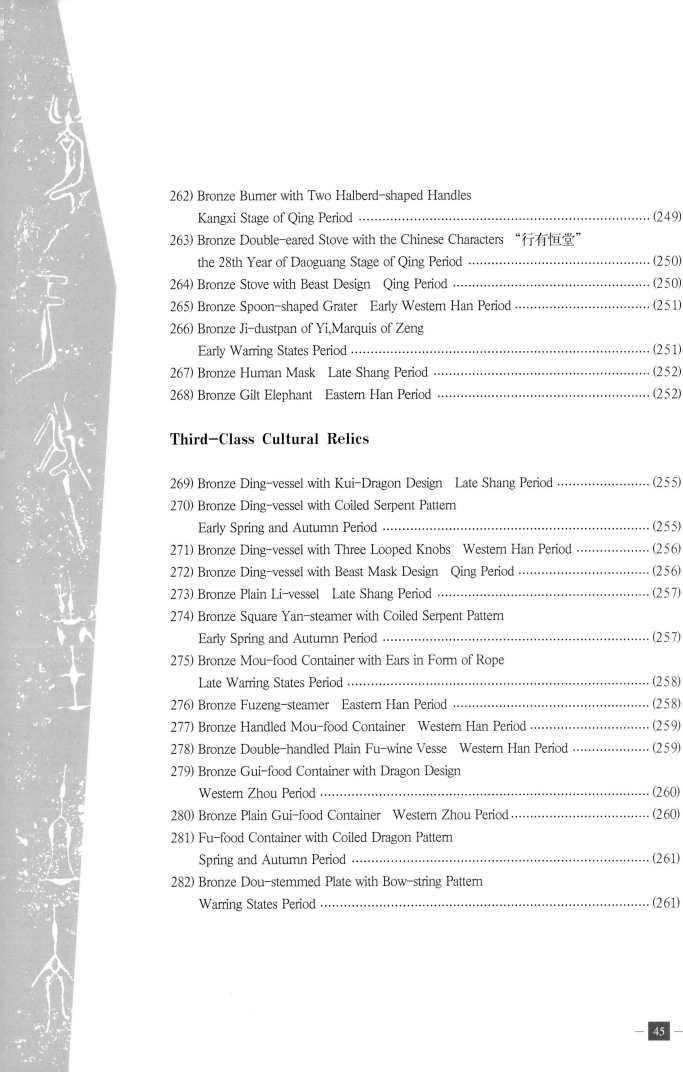

Third-Class Cultural Relics

Commen Cutural Relics

壹级文物

1 铜兽面乳丁纹方鼎

商代前期（公元前1600～前1300年）

通高100、口长62.5、口宽60.8厘米

河南省郑州市张寨南街出土

河南博物院藏

鼎，炊器，后演变为礼器。此方鼎折沿，方口，直壁，深腹，方斗状。双直耳，耳外侧凹槽内有两道凸起的条带，乃是为了增加耳的强度而置。圆柱足内上半部中空。鼎腹中部及足部上端装饰兽面纹，腹部的底边与两侧边饰乳丁。

该鼎采用分铸法铸成。先铸腹中部平板及鼎耳，然后铸鼎足及鼎腹周边部分，使其与腹部平板结成一体。为了防止有的部位过厚，冷却速度不同造成断裂，把鼎耳与鼎足铸成厚薄相似的中空结构。此鼎形体大，时代早，发现少，具有特别重要的历史和科学价值，定为国家馆藏壹级文物。

2 铜人面纹方鼎

商代后期（公元前1300～前1046年）

通高38.5、口长29.8、口宽23.7厘米

1959年湖南省宁乡县黄材寨子山出土

湖南省博物馆藏

长方形，口唇卷边，内唇斜削，两端竖方耳，下有四柱足。器身四周各以浮雕人面为饰，五官毕具，部位准确。人面耳上部有云纹，下部有弯曲的手形。器身四角饰扉棱，足上端饰兽面纹，中部有三道弦纹。器内侧近口部铸"大禾"2字。

此鼎铸制甚精，锈色碧绿，以人面为主纹的方鼎仅见这一件，且出土于南方，虽经修复，仍具有特别重要的历史和艺术价值，定为国家馆藏壹级文物。

3 铜太保方鼎

西周成王时期（公元前1042～前1021年）

高50.7、宽36厘米

天津博物馆藏

造型规整，方体、双耳、四足。双耳所饰动物怪异，其身似虎，头上双角弯曲又似羊，尾上卷，四足直立伏于耳上。鼎足奇特，中部各饰一凸起圆轮，上有放射状纹。上部饰以扉棱为鼻的兽面纹。鼎腹内有"太保铸"3字铭文。此鼎为成王时期的标准器，具有特别重要的历史和艺术价值，定为国家馆藏壹级文物。

4 铜盂鼎

西周康王时期（公元前1020～前996年）

通高102.1、口径78.4厘米

清道光初年陕西省岐山县礼村出土

中国国家博物馆藏

形体很大，造型端庄凝重。口沿下饰曲折角兽面纹，足根饰浮雕外卷角兽面纹。鼎内壁铸铭文291字。字体雄浑典雅，内容记载康王二十三年对盂的一次册命，讲述殷人纵酒亡国的教训和文、武、成三王立国的经验，告诫盂要忠于职守，妥掌兵戎刑罚，并赐给车马、仪仗、大片土地和1700名奴隶。为西周重器之一。该鼎对于研究西周史、青铜器铸造和古代书法艺术，都具有特别重要的历史和艺术价值，定为国家馆藏壹级文物。

5　铜龙纹双耳三鋬鼎

西周早期（公元前 1046～前 977 年）

通高 122、口径 83 厘米

1979 年陕西省淳化县史家原出土

陕西省淳化县文物管理所藏

口沿上设有一对粗大的立耳，腹部加铸 3 个龙首环形鋬，为铜鼎中所仅见。耳侧及口沿下共装饰着 10 条竖角鳞身卷尾龙。鼎口沿下的龙纹隔扉棱两两对峙，扉棱下附饰圆雕牛首，足根饰以高浮雕兽面。

此鼎出土于西周墓葬，造型高大，装饰庄重，是我国目前已知西周时期最大最重的铜鼎。它代表了西周早期青铜器铸造工艺的最高水平，具有特别重要的历史和艺术价值，定为国家馆藏壹级文物。

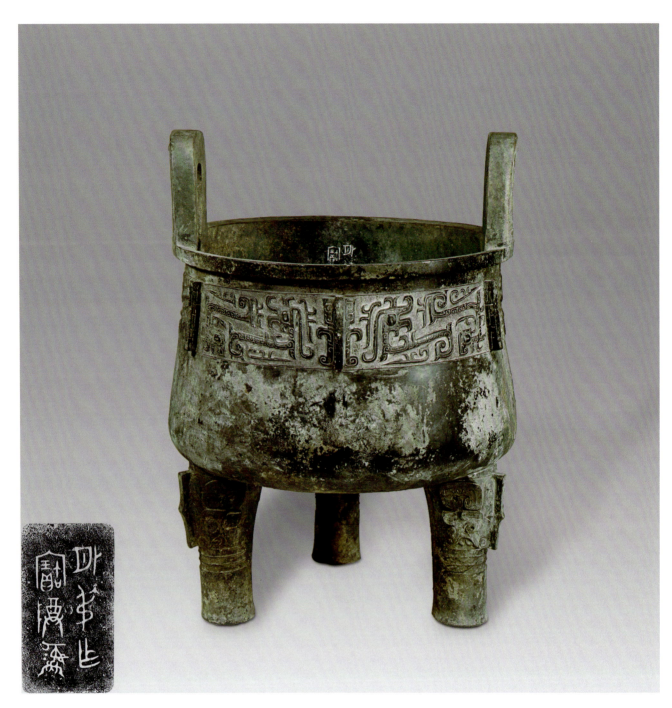

6 铜外叔鼎

西周早期（公元前1046～前977年）

通高89.5、口径61.3厘米

1952年陕西省岐山县丁童家出土

陕西历史博物馆藏

口沿下饰一周龙纹，耳外侧饰虎纹一对，足根饰浮雕兽面。内壁铸铭文6字，表明此鼎为外叔所作。此鼎器体仅次于龙纹双耳三鋬鼎、盂鼎和大克鼎，是著名的西周重器。它表现了西周早期高度发达的青铜器铸造工艺水平。铭文书体隽美，结构严谨，具有特别重要的历史和艺术价值，定为国家馆藏壹级文物。

7 铜兽面勾连雷纹鼎

西周早期（公元前1046～前977年）

通高85、口径63厘米

1973年陕西省长安县新旺村出土

西安市文物保护考古所藏

立耳，圆腹，口沿下饰内卷角兽面纹；腹饰勾连雷纹，足根浮雕虎头纹。此鼎出土于西周铜器窖藏，鼎体巨大，纹饰优美，制作精致，是西周贵族宗庙中的重器。代表了西周早期青铜器铸造工艺的最高水平，对于研究西周历史和青铜器艺术，具有特别重要的价值，定为国家馆藏壹级文物。

8 铜兽面纹带盘鼎

西周早期（公元前1046～前977年）

高20.2、宽16.4厘米

故宫博物院藏

造型别致，在三夔形扁足中间加置一圆盘，用来放置炭火，以加热食物。这在鼎中较为少见，具有特别重要的历史价值，定为国家馆藏壹级文物。

9　铜德鼎

西周早期（公元前1046～前977年）

高78、口径56厘米

上海博物馆藏

高大厚重，双耳直立于口沿，口沿下饰一周兽面纹，腹下部外侈，足与腹连接处呈凹陷状。马蹄形三足，足上部和鼎腹上部均有扉棱。

传世德器有四件，此为其中之一。德鼎铭文记周成王赏赐给德贝二十朋，具有特别重要的历史和艺术价值，定为国家馆藏壹级文物。

10　铜刖人守门方鼎

西周中期（公元前976～前886年）

通高17.7、口长11.9厘米

1976年陕西省扶风县庄白村出土

陕西省宝鸡市周原博物馆藏

鼎体分两层，上层用以盛放食物，其外壁有方体附耳，口沿下饰窃曲纹；下层为炉膛，底部有箅盛放炭火，可以温煮食物。炉膛两侧设窗（出烟通气孔），窗旁饰斜角雷纹，背面铸成镂空兽目交连纹，正面开门，守门者是一个受过刖刑（断一足）的奴隶形象。鼎的四角装饰着4条立体顾龙，披鳞卷尾，苍劲有力。鼎足铸成单足怪兽形。

此鼎造型别致，装饰华美，代表了西周中期青铜工艺的最高水平，对于研究西周历史、科学技术和中国青铜器艺术，具有特别重要的价值，定为国家馆藏壹级文物。

11 铜师訇鼎

西周恭王时期（公元前922～前900年）

通高85、口径64.5厘米

1974年陕西省扶风县强家村出土

陕西历史博物馆藏

鼎体庞大，纹饰简朴，仅在颈部施两道雷纹带，足根上有短扉。内壁上铸铭文197字，记述师訇从穆王时期就担任王朝师职，恭王八年又册命其继续担任此职，以圣祖为典范，佐助周王。

此鼎出土于强家村西周铜器窖藏，器主和铸造年代明确，铭文涉及恭王时期几位执政的重要人物，是西周青铜器断代的标准器之一，铭文内容反映了西周王朝的德治思想，具有特别重要的历史价值，定为国家馆藏壹级文物。

12　铜五祀裘卫鼎

西周恭王时期（公元前922～前900年）

通高36.5、口径34.3厘米

1975年2月陕西省岐山县董家村出土

陕西历史博物馆藏

立耳浅腹，底部近平，柱足较细。颈部饰云雷纹衬底的窃曲纹。内壁铸铭文207字，记载恭王五年正月裘卫和邦君厉交易土地的事情。

此鼎出土于西周铜器窖藏，器物组合关系清楚，器主和铸造年代明确，铭文涉及恭王时期的邢伯、伯邑父、定伯、𤨏伯、伯俗父等许多执政大臣，不但是西周青铜器断代的一件标准器，同时对于研究西周中期的社会经济和土地制度，有着特别重要的历史价值，定为国家馆藏壹级文物。

13　铜多友鼎

西周晚期（公元前885～前771年）

通高51.5、口径50厘米

1980年陕西省长安县下泉村出土

陕西历史博物馆藏

立耳圜底，腹微敛，蹄形足。口沿下饰两道弦纹。内壁铸铭文275字，记载周王命令武公派遣多友率兵抵御狁猃这一重大历史事件。

此鼎出土于西周铜器窖藏，保存完好，器主和时代明确，铭文对于周王朝与猃狁的这场战争的起因、时间、地点和战斗的结果记载颇详，对研究西周时期的战争史，以及周王朝与西北方的部族——猃狁的关系具有特别重要的历史价值，定为国家馆藏壹级文物。

14 铜克鼎

西周晚期（公元前885～前771年）

高35.4、宽33.6厘米

故宫博物院藏

造型雄丽，纹饰精美。腹内壁有铭文8行72字，记载西周某王于廿三年九月，在宗周任命膳夫克去执行整顿成周八师。克就在这一年铸造了用来祭祀祖父釐季之鼎，以表示虔诚的祭祀，求得自己的好运和长寿。

此鼎铭文屡见历代各家著录，是有名的重器。其铭文为研究西周时期军队的编制，提供了文字资料，具有特别重要的历史价值，定为国家馆藏壹级文物。

铜克鼎铭文拓本

15 铜黄君孟鼎

春秋早期（公元前770~前677年）

通高27、口径29.5厘米

河南省光山县宝相寺出土

河南博物院藏

敞口，方唇，平沿，沿上有双立耳。腹微鼓，圆底，半蹄足。腹饰凸弦纹一周，上腹外有铭文："黄君孟自作行器，子子孙孙则永宝宝"。

此鼎整体造型精美，纹饰简洁，铜色如初，铭文表明此鼎为黄国国君之物，是代表其权威的礼器，具有特别重要的历史价值，定为国家馆藏壹级文物。

16 铜王子午鼎

春秋晚期（公元前571~前476年）

通高62、口径62、匕长63厘米

河南省淅川县下寺楚墓出土

河南博物院藏

鼎侈口，沿上双耳呈弧形外侈，束腰、平底，下有3个兽首蹄足。鼎腹外周有6条向上爬行的怪兽，昂首卷尾，因系失蜡法铸成，故其形玲珑剔透。鼎腹外壁以浅浮雕的蟠螭纹、双线窃曲纹及鳞纹为饰，烘托出华贵的气势。器内壁及底部，有鸟虫书铭文14行84字，内容记载楚国令尹王子午铸此鼎的目的。附匕。

此鼎是楚国特有的升鼎，年代早、形体大，具有特别重要的历史、艺术和科学价值，定为国家馆藏壹级文物。

17 铜错金银云纹鼎

战国中期（公元前4世纪初～前4世纪末）

通高14、口径12.1厘米

1966年陕西省咸阳市出土

咸阳市博物馆藏

体呈扁球形，三足较细，盖上有3个环纽。通身花纹错金银，辉煌富丽。盖顶的花纹为四瓣花，其外绕以云纹带。器口、盖沿及三足均饰斜角云纹；腹部饰以垂叶纹。

此鼎制作精美，保存完好，装饰华美，是战国时期青铜器的上乘之作，具有特别重要的艺术价值，定为国家馆藏壹级文物。

铜王子午鼎铭文拓本

18 铜平安君鼎

战国晚期（公元前 4 世纪末～前 221 年）

通高 16、口径 12.5 厘米

河南省泌阳县官庄出土

河南博物院藏

敛口，鼓腹，附耳，三蹄足。盖呈覆钵形，上有三环纽。盖与腹上均有刻铭，其一为"二十八年平安邦司客肺四分齑一益十钤半钤之冢（重）"；其二为"卅三年单父上官庖宰熹所受平安君者也"。

此鼎虽然出土于秦墓，但实为卫器，其铭文对研究卫国历史、战国官制、容量衡制等都具有特别重要的历史和科学价值，定为国家馆藏壹级文物。

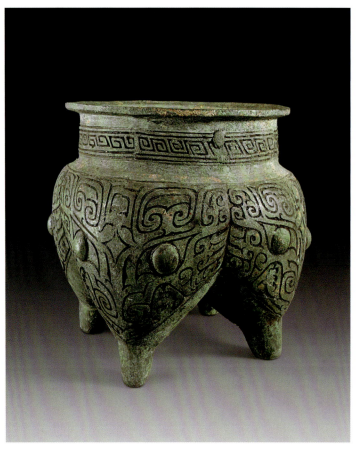

19 铜兽面纹四足鬲

商代后期（公元前 1300～前 1046 年）

通高 23.2、口径 21 厘米

1981 年陕西省城固县龙头镇出土

陕西历史博物馆藏

鬲为古代炊器。此器腹部成四个联体的袋形，下接乳头足，口部平缘外折。颈部较高，饰雷纹；四袋足饰内卷角兽面纹。

此鬲整体造型奇特，出土于商代铜器窖藏。这种造型的铜鬲在目前发现的商周青铜器中仅此一件，且出土地点明确，保存完好，具有特别重要的艺术价值，定为国家馆藏壹级文物。

20　铜伯矩鬲

西周早期（公元前 1046～前 977 年）

高 33、口径 22.9 厘米

1975 年北京市房山区出土

首都博物馆藏

形体宠大，有盖，分裆袋形腹。腹及盖上的浮雕牛头，均突出器表，牛角斜翘。盖组由 2 个立体牛头相对组成。三袋足也饰牛头纹。器与盖各有铭文 15 字，记述伯矩在戊辰之日，接受了匽侯所赏赐的贝，而作鬲来纪念其父。伯矩鬲形体大，纹饰集圆雕、高浮雕及线刻于一体，是一件造型与装饰均极精美的成功之作，具有特别重要的历史和艺术价值，定为国家馆藏壹级文物。

21　铜师趛鬲

西周（公元前1046～前771年）

高50.8、口径47厘米

故宫博物院藏

　　形体宏伟，圆体，平沿，双附耳高出口沿，三袋足。颈部饰相互纠结的夔纹，腹部饰由双夔组成的大兽面纹，纹饰瑰丽。腹内有铭文五行28字，记述师趛在九月初吉这天，为其死去的父母作了这件鬲，希望永传其子孙。

　　此鬲铸造极精，是目前所知铜鬲中之最大者，具有特别重要的历史与艺术价值，定为国家馆藏壹级文物。

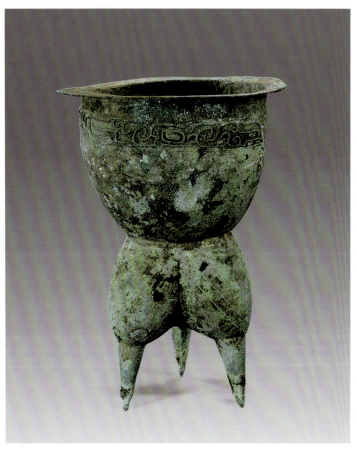

22　铜夔龙纹甗

商代前期（公元前1600～前1300年）

通高36、口径27.6厘米

1974年湖北省黄陂县盘龙城李家嘴2号墓出土

湖北省博物馆藏

　　甗，蒸食器。此甗为甑、鬲连体。甑作深腹盆形，平折沿，甑底的箅上有9个圆孔。鬲足为袋状尖锥形空足。颈饰细线夔龙纹一周，无地纹，下腹饰双线人字纹。

　　商代前期之甗甚为罕见，此件具有中原商文化风格，却出土于长江中游沿岸墓中，具有特别重要的历史价值，定为国家馆藏壹级文物。

23　铜四足甗

商代后期（公元前1300～前1046年）

通高105、甑口径61.2、鬲口径34.1厘米

江西省新干县大洋洲出土

江西省博物馆藏

　　此甗体大，甑、鬲连体。甑盘口，宽沿，盘口上有一对大而方的立耳，耳上各立一鹿，鹿扭颈回首。甑腹深斜，虽不见箅，但有箅托一周。鬲分裆，四足中空，足上部呈袋状，下部呈圆柱状。双耳外侧饰双重燕尾纹。甑腹饰三组兽面纹，其上下以联珠纹为界框，以细棱作鼻，尾上卷，三组兽面纹之间，以扉棱为界。鬲饰四组浮雕似牛角兽面纹，以扉棱为鼻。除耳上双鹿外，全器一次浑铸而成。作为蒸食器的甗，下部通常为三足鬲形，罕见四足者。此甗虽然大体与中原甗相似，但是双鹿耳与燕尾纹等均具地方特点，具有特别重要的历史和艺术价值，定为国家馆藏壹级文物。

24 铜兽面纹大甗

商代后期（公元前1300～前1046年）

高80.9、宽44.9厘米

故宫博物院藏

甗体高大，浑厚而凝重，花纹布局庄严粗犷。颈部饰兽面纹三组，腹饰变形三角夔纹，三足上饰双眉翘起的兽面纹。兽面双目圆睁。此甗铸造极精，纹饰设计与高大的甗体非常协调，如此大而精美之甗，极为难得，具有特别重要的历史和艺术价值，定为国家馆藏壹级文物。

25 铜四蛇纹方甗

春秋早期（公元前770～前677年）

高44.1、宽28厘米

故宫博物院藏

此甗设计新颖，造型别致。四足上部隆起，并在上面装饰一条半立体盘曲的蛇。蛇伸颈抬头，头扁平作向外平视状，十分生动。

这种将凸起之蛇纹置明显部位，在甗中罕见，具有特别重要的历史和艺术价值，定为国家馆藏壹级文物。

26　铜兽面纹兽首双耳簋

商代前期（公元前 1600～前 1300 年）

高 17.4、口径 24.5 厘米

1974 年湖北省黄陂县盘龙城李家嘴 1 号墓出土

湖北省博物馆藏

簋，盛食器。此簋作敛口，折沿，腹下部微鼓，圈足较高，两侧有兽首半圆形耳，颈部与圈足上饰弦纹，腹部主纹为兽面纹，无地纹，圈足上有 3 个十字形镂孔。其造型、纹饰都属于中原商文化系统，但出土于长江岸边的商代墓葬，当为商代前期商文化已南传到长江中游的物证，具有特别重要的历史价值，定为国家馆藏壹级文物。

27 铜利簋

西周武王时期（公元前 1046～前 1043 年）

通高 28、口径 22 厘米

1976 年陕西省临潼县西段村出土

中国国家博物馆藏

这是已知的西周最早的一件铜器。侈口鼓腹，下连铸方座。腹部饰外卷角兽面纹。兽面巨目獠牙，狰狞可畏。方座四周亦饰外卷角兽面，但两旁配有龙纹，有细雷纹填底。内底有铭文 32 字，记载周武王伐纣，在甲子日早晨，很快占领了商国。七天之后的辛未日，在阑师赏给有司利铜。此鼎出土于临潼县西段村西周铜器窖藏，保存完好，造型庄重典雅，装饰和书法精美，是一件难得的青铜艺术瑰宝。特别是铭文所记克商的日辰、历史事件和人物都极为重要，是武王伐商史实的唯一遗存。它对研究西周史和青铜工艺发展史，都具有特别重要的价值，定为国家馆藏壹级文物。

28 铜史嗌簋

西周康王时期（公元前1020～前996年）

通高16.8、口径22厘米

1976年陕西省岐山县贺家村出土

陕西历史博物馆藏

侈口鼓腹，兽首形双耳，腹部饰内卷角兽面纹，颈部和圈足饰龙纹。内底铸铭文4行23字，记述周王于乙亥日诰命毕公，赏给史嗌贝十朋。史嗌把这件荣宠之事记载在宝簋上，以便早晚鉴记。铭文中的毕公见于史籍，是毕公高之子，康王时期的重臣。此簋出土于贺家村西周墓葬中，时代明确，造型精美，它对于研究西周史和青铜器艺术有着特别重要的价值，定为国家馆藏壹级文物。

29 铜誺簋

西周昭王时期（公元前995～前977年）

通高25.5、口径21.6厘米

1981年陕西省长安县花园村出土

陕西历史博物馆藏

侈口鼓腹，圈足连铸方座，两耳作立体凤鸟形。凤鸟尖喙圆目，伸颈挺胸。腹及方座分别饰各具特色花冠大凤鸟及卷尾长鸟纹。内底铸铭文18字，记述鸿叔誺跟随周王和员征伐楚荆之事。

此簋出土于西周墓葬，造型别致，装饰典雅，制作精美，充分表现了西周早期青铜铸造的高超技艺；铭文又记载着昭王征伐楚荆这一重大历史事件，对于研究西周历史和青铜器艺术，具有特别重要的价值，定为国家馆藏壹级文物。

30 铜强伯方座簋

西周早期（公元前1046～前977年）

通高31、口径25厘米

1981年陕西省宝鸡市纸坊头出土

宝鸡青铜器博物馆藏

侈口鼓腹，高圈足下连铸方座，双耳垂珥。器腹饰内卷角兽面纹，鼻梁处扉棱突起，两侧填饰高冠顾龙；圈足前后饰多齿冠龙纹；方座内有悬环系铃，外表以四隅为中轴饰四组牛首，牛角翘出器壁之外；两耳上有圆雕虎噬牛形象，牛角高耸，通体以雷纹填底，立体感强。内底铸铭文6字，记强伯作器。

此簋出土于西周墓葬，器物组合完整，造型装饰庄重雄奇，颇具神秘色彩，是一件难得的青铜器艺术珍品，具有特别重要的历史和艺术价值，定为国家馆藏壹级文物。

31 铜牛首四耳簋

西周早期（公元前1046～前977年）

通高23.8、口径26.8厘米

1981年陕西省宝鸡市纸坊头出土

宝鸡青铜器博物馆藏

侈口直腹，四耳下有长方垂珥，几乎触地。器体自颈至腹以乳丁和直棱纹相间为饰，圈足则饰以弓背龙纹。四耳与簋体分铸而成，其间有榫头套合。耳部饰牛首纹。四耳共用24个牛首巧作装点，别有神韵。

此簋器主明确，造型别致，装饰颇具匠心，对于研究西周史和青铜器铸造工艺具有特别重要的价值，定为国家馆藏壹级文物。

32 铜鄂叔簋

西周早期（公元前1046～前977年）

高18.5、口径18.2厘米

上海博物馆藏

四耳，浅腹，高圈足，下连铸方座。腹上部饰圆涡纹与顾龙纹，圈足饰曲折角兽面纹，方座四周饰相对的长冠短尾凤鸟纹。四耳有下垂的珥，浮雕兽首的形象似牛头。器底有一铃。腹内底铸铭文6字，记鄂叔作此簋。

商代鄂在河南沁阳，西周时已南迁。鄂为商周姞姓国，有鄂侯簋铭文证实，为周的异姓诸侯国。该簋铭文所记鄂叔，乃为河南南阳的鄂国。此簋造型优美，保存完好，又有铭文，具有特别重要的历史、艺术价值，定为国家馆藏壹级文物。

33 铜柞伯簋

西周早期（公元前1046～前977年）

高16.8厘米

河南省平顶山市滍阳岭应国墓地出土

河南省文物考古研究所藏

侈口、短颈、鼓腹，腹侧有一对兽首，兽首耳下有垂珥。圈足下又接一喇叭口状高圈足，造型独特而罕见。器内底部铭文8行70余字，记述周王命南宫率王多士举行射礼，以小子与小臣各为一方，进行射箭比赛，结果柞伯获胜得奖。柞伯乃周公之子，作器祭祀周公。

此簋乃是周公之子第一代柞（胙）国诸侯柞伯所作，为研究射礼仪式，提供了宝贵资料，具有特别重要的历史价值，定为国家馆藏壹级文物。

34　铜妊簋

西周早期（公元前 1046～前 977 年）

高 18.5 厘米

上海博物馆藏

　　直口，圆唇外卷，深腹，腹壁微鼓，两侧置长鼻象首形耳，高圈足，圈足四隅附以四高足。口沿下饰蛇纹一周，间以兽首纹，云雷纹作地。腹部饰乳丁、雷纹。四足饰龙纹。腹内底铸铭文 5字："妊作宝尊彝"。

　　此簋造型别致，两耳与四足设计巧妙，生动传神。象鼻上卷，颇有动感，四足蹄部刻画出足趾，显出细腻。整体的花纹匀称得体，具有特别重要的历史、艺术价值，定为国家馆藏壹级文物。

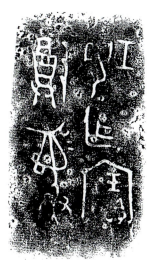

35 铜冕簋

　　西周穆王时期（公元前976～前922年）

　　通高21、口径22厘米

　　1975年陕西省扶风县庄白村出土

　　陕西省扶风县博物馆藏

　　造型巧妙，制作精工，纹饰深镂细雕。盖和器身均饰垂尾式花冠大凤鸟，两两相对，通体填以缜密的云雷纹；两耳铸成昂首竖冠的立体凤鸟形象，鸟足作垂珥。盖和器各铸铭文134字，记载穆王时期伯裁率师抗击淮夷的重大历史事件。

　　此簋出土于一座西周墓葬中，器物组合完整，保存良好，对于判断墓主的身份和西周青铜器断代有很大的参考价值。铭文对于研究西周史和周王朝与周边方国部族的关系具有特别重要的意义，其造型和装饰又具有特别重要的艺术价值，定为国家馆藏壹级文物。

盖铭

36　铜敔簋

西周中期（公元前976～前886年）

高26.5、口径22厘米

河南省平顶山市应国墓地出土

河南省文物考古研究所藏

直口、深腹下垂，兽耳，垂钩形珥。盖顶隆起，有圆形捉手。圈足下附三兽面纹短扁足。器身与器盖均饰波曲纹。器、盖同铭，共5行27字："唯八月初吉，丁丑，公作敔尊簋，用易（赐），眉寿永命，子子孙孙永宝用享。"

此簋朴拙粗犷，无地纹，纹饰宽厚丰满，端庄厚重，为诸侯国的重器。公即应公，具有特别重要的历史和艺术价值，定为国家馆藏壹级文物。

器铭

37 铜㝬簋

西周厉王时期（公元前 877~前 841 年）

通高 59、口径 43 厘米

1978 年陕西省扶风县齐村出土

陕西省扶风县博物馆藏

此簋经修复，形体庞大，圈足下连铸方座，两耳铸成透雕的龙形。有垂珥。颈及圈足饰攀连式卷曲纹，腹及方座饰直棱纹。内底铸铭文 124 字，是厉王㝬为祭祀先王而作之器。

此簋出土地点为周原岐邑遗址，造型魁伟，装饰华美，是迄今已知的形体最大的商周青铜簋。铸于周厉王十二年，对于青铜器断代、研究西周史和铸造工艺具有特别重要的价值，定为国家馆藏壹级文物。

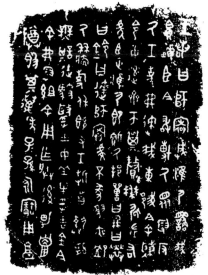

器 铭   盖 铭

38 铜师寰簋

西周晚期（公元前885～前771年）

高27、口径22.5厘米

上海博物馆藏

体呈扁圆球形，盖上有较大的圆形捉手，腹微下垂而圆鼓，两侧兽耳，垂珥，圈足下有三小足。盖边及器口饰窃曲纹，腹部饰瓦纹，圈足饰鳞纹，纹饰简朴。器铸铭文117字，盖铭略少数字。记周厉王命令师寰征伐淮夷，此器乃为得胜纪功所作。

该器是研究西周后期周王室和淮夷关系的重要资料，具有特别重要的历史价值，定为国家馆藏壹级文物。

39 铜追簋

西周晚期（公元前885～前771年）
高38.8厘米、宽44.5厘米
故宫博物院藏

其造型浑厚而雄伟，体圆，有盖，双龙耳，下有方座。盖身、方座所饰凤鸟纹精致富丽。在盖和器内均有铭文7行60字，记载追由于虔诚地奉守职事，而得到了周天子的嘉奖，故铸了这件祭器。器物反映了西周时期青铜工艺的成就，而铭文对于研究西周贵族祭祀和称谓，提供了重要的史料，具有特别重要的历史和艺术价值，定为国家馆藏壹级文物。

盖铭

器铭

40 铜蟠螭纹簋

春秋中期（公元前676~前572年）

通高28、口径26厘米

河南省淅川县下寺楚墓出土

河南博物院藏

盖作覆碗状，上有圆形捉手。器身敛口，鼓腹，下有圈足。腹侧有龙首环耳一对，盖与器身均有4条龙形扉棱。器表饰瓦纹与蟠螭纹，圈足有浮雕三兽首。

此簋造型圆浑，又有附加的龙形装饰。两个龙首环耳与4条龙形扉棱加上3个圈足兽首，使该器别具匠心，艺术高超，具有特别重要的历史和艺术价值，定为国家馆藏壹级文物。

41 铜龙耳簋

春秋（公元前770~前476年）

高34、宽43厘米

故宫博物院藏

此簋圆体，有盖，鼓腹，方座。盖顶饰有镂空莲瓣形捉手。腹侧的双耳作龙形，昂首张口，二目圆睁，獠牙外露，并在耳的顶部正中饰一回首立体夔纹。耳的下部饰一伏虎，卷尾紧抱龙身。

此簋造型与纹饰少见，具有特别重要的艺术价值，定为国家馆藏壹级文物。

42　铜宋公栾簠

春秋晚期（公元前571～前476年）

通高25、口长33.5、口宽26.5厘米

河南省固始县侯古堆村大墓出土

河南博物院藏

此簠整体作长方形。器与盖形制相同，簠壁直立，其下斜收成平底，底下有矩形足4个。器身和器盖内均有铭文，大意是记载宋公栾为其妹勾敔夫人所作的陪嫁物。铭文中的宋公栾即宋景公栾。他生于公元前516年，卒于前451年。生存时代当在春秋晚期。

宋景公栾之妹嫁与吴王夫差，此簠即为宋景公嫁妹所铸。吴曾攻打楚，并占领过此地。此簠的铭文具有特别重要的历史价值，定为国家馆藏壹级文物。

43 铜夌生盨

西周晚期（公元前885～前771年）

高21、口径16.6～21.8厘米

上海博物馆藏

盨，盛食器。盖上有4个扁平鋬，倒置时可作支脚。腹有一对附耳，便于提起。器下有四足支撑。盖与器均以瓦纹装饰。盨流行于西周中、晚期。器、盖对铭，各49字，记载了周王征南淮夷，伐角、津、桐、遹等地事迹。夌生从王南征，故作器记功，具有特别重要的历史价值，定为国家馆藏壹级文物。

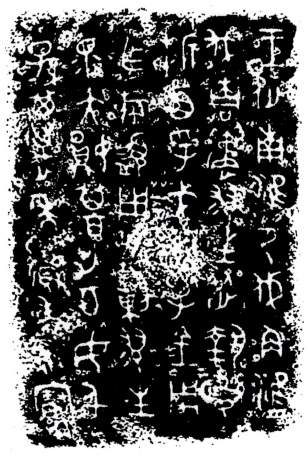

器 铭   盖 铭

44　铜克盨

西周（公元前1046～前771年）

高21、口径27.5厘米

清道光年间陕西省扶风出土

故宫博物院藏

盨盖与器各有铭文148字，内容记载周王对师克的册命和赏赐。大意是，伟大的文王、武王得到了天命，领有四方土地，师克你的祖父与父亲对王室有功，过去册命过你，今天再次册命你，让你继承先祖官职来管理王室的卫士。并进行了赏赐，克为颂扬天子恩德而作器。

此盨铭文对于研究西周册命制度、世官制度，提供了极其重要的资料，具有特别重要的历史价值，定为国家馆藏壹级文物。

器 铭

盖 铭

45 铜愃儿盏盂

春秋中期（公元前676～前572年）

通高18、口径19.5厘米

1986年湖南省岳阳县筻口凤形嘴山1号墓出土

湖南省岳阳市博物馆藏

盏盂，盛食器。此盏作扁圆形。盖隆起，盖中有由蛇盘结成镂空圈形捉手，用12根短柱承托，盖沿立四个环形纽。盏身直口，折方唇，束颈，鼓腹，圜底近平。肩腹之间有两个由蛇盘绕而成的镂空兽首形耳和两个环形耳。下有镂空三足。盖上饰3圈绳索纹，绳索纹之间有蟠螭纹、蟠虺纹和变形蝉纹。腹饰两圈绳索纹，其纹饰与盖相同。盖内及器身内壁均有铭文："愃儿自作铸其盏盂"8字。

此盏是楚国的青铜礼器，根据与该盏同出土楚国青铜礼器，说明至迟在春秋中期楚人已进入湘北；纹饰极为精细，铸造技术很高，具有特别重要的历史、艺术和科学价值，定为国家馆藏壹级文物。

46　铜曾仲斿父甫

西周晚期（公元前885～前771年）

高20.2、口径25.6厘米

湖北省京山县宋河坪坝苏家垄出土

湖北省博物馆藏

盛食器。此甫作卷沿，浅盘，折腹，高圈足。盘腹饰窃曲纹，圈足上有镂空宽环带纹，中部有1周凸棱。盘内铸"曾仲斿父自作宝甫"8字铭文。此类器物以往多名为豆，但本器自铭为"甫"，名称依此。西周晚期的铜甫数量稀少，又为曾国的重要礼器，具有特别重要的历史价值，定为国家馆藏壹级文物。

47　铜蟠螭纹豆

春秋晚期（公元前571～前476年）

通高41.5、口径35.3厘米

河南省辉县琉璃阁出土

河南博物院藏

敛口，深腹，圜底，矮足，足上有菱形镂孔。腹侧有二附耳。上置一浅盘式盖，盖顶有环形六柱镂空式捉手。盖与腹均饰以蟠螭纹花纹带。

此豆造型别致，纹饰精细，形体较大，为豆、甫器中上乘之作。具有特别重要的历史和艺术价值，定为国家馆藏壹级文物。

48　铜嵌松石末蟠螭纹豆

战国（公元前475～前221年）

高39、宽24厘米

故宫博物院藏

　　造型秀丽，通体饰蟠螭纹及三角云纹，并在纹饰中嵌入绿松石末。青铜器中嵌入绿松石块者多见，而嵌入绿松石末者极为少见，在镶嵌工艺中，是一个新的品类，具有特别重要的艺术价值，定为国家馆藏壹级文物。

49　铜嵌绿松石云纹方豆

战国（公元前475～前221年）

通高24.5厘米，口边长、宽12.5厘米

河南省卫辉市（原汲县）山彪镇出土

河南博物院藏

　　盘呈方斗形，细高足，圆形足座。盖呈覆斗形，顶有圆形捉手。通体镶嵌绿松石构成的云纹，作工精细。此豆造型别致，纹饰精美，铸造工艺复杂，镶嵌绿松石的技巧纯熟，具有特别重要的历史和艺术价值，定为国家馆藏壹级文物。

50　铜石叟嵌金银丝盖碗

明代晚期（1573～1644年）

高10.7、口径12厘米

故宫博物院藏

碗呈八棱形，通体纹饰以金银丝镶嵌而成，盖上饰轮、螺、伞、盖、花、罐、鱼、肠八宝纹，分饰于盖上八棱之间。碗身分饰四季花卉纹。碗外底有"石叟"嵌银丝名款。此碗做工讲究、纹饰以金银丝嵌成，二色交相辉映，精工华丽，为石叟精心之作，具有特别重要的艺术价值，定为国家馆藏壹级文物。

51　铜蟠虺纹镂孔俎

春秋中期（公元前676～前572年）

高22、长35.5、宽21厘米

河南省淅川县下寺楚墓出土

河南博物院藏

俎为古代切肉的承载具。俎面呈长方形，中部略窄而微凹，　面板之下焊接4个槽形扁足。面板与足均有Z、L形，以及长条形镂孔，面板与足饰蟠虺纹和雷纹，面板四周饰窃曲纹。

从商代到春秋，俎常与鼎相配合，在祭祀或宴飨等礼仪时使用。楚国曾有漆俎出土，但铜俎却发现甚少，具有特别重要的历史价值，定为国家馆藏壹级文物。

52 铜平底爵

夏（公元前2070～前1600年）

通高22.5、长31.5厘米

河南省偃师县二里头村出土

河南博物院藏

爵，酒器。此爵狭长流，尖尾，束腰平底，三足细长，造型匀称。流近口处立二短柱，腹部一面有凸旋纹两道，其间排列5个乳丁。鋬上装饰有长条形镂孔，器壁很薄。具二里头文化的铜爵显著特征。

此爵的流、尾和足都特别尖长，是同类器中形制最大的一件，也是我国发现的最早的青铜容器之一。这种爵需采用多合范方法铸成，对研究我国青铜器起源、酒器的产生与演变、早期青铜铸造工艺，均有特别重要的历史和科学价值，定为国家馆藏壹级文物。

53 铜鸟纹爵

西周（公元前1046～前771年）

高22、宽17.3厘米

故宫博物院藏

此爵前有流，后有尾，一侧有鋬，圜底，下有3只刀形足。腹上部饰长尾高冠对称的鸟纹，腹下部饰回首分尾鸟纹，鋬的下部同样饰有鸟纹。

一般所见铜爵多饰兽面纹，而此爵均以鸟纹为饰，表现手法不同，且具有写实风格，铸工亦精。故宫博物院藏鸟纹爵只有两件，而且形制纹饰完全相同，更加难得，具有特别重要的历史和艺术价值，定为国家馆藏壹级文物。

54　铜史速角

西周早期（公元前 1046～前 977 年）

通高 22.5、两尾相距 17 厘米

1966 年陕西省岐山县贺家村出土

陕西历史博物馆藏

角，酒器。此角的造型与同期的爵基本相同，曲口、圆腹圜底，下有 3 个刀形足，唯将流改作尾。角口上有盖，盖纽呈半环状。盖与腹均饰相顾式双头龙，颈饰蕉叶纹。盖内与鋬下各铸铭文 6 字，记史速作器。

此角出土于贺家村一座西周早期墓葬中，器物组合完整，时代明确，制作精工，角类器遗存稀少，此角有使用者铭记，具有特别重要的历史、艺术价值，定为国家馆藏壹级文物。

55　铜平底束腰斝

夏（公元前 2070～前 1600 年）

高 30、口径 16～18 厘米

河南省偃师县二里头遗址出土

中国社会科学院考古研究所藏

斝，温酒器。此斝上部呈喇叭状，敞口内有加厚的宽边，一侧有向上凸起的两个三棱锥状柱。与之相对的一侧有一半环形鋬。斝身下部凸鼓，有微凸的圆饼形装饰 3 个，腹下有中空的三棱状足 3 只，器底及足内侧有烟炱痕。

二里头晚期文化中出土的斝类温酒器，发现甚少，后来商周时期发达的铜斝便是在此基础上发展起来的。此斝造型厚重，铸造精致。对于研究夏代青铜礼器及青铜器发展史有特别重要的历史和科学价值，定为国家馆藏壹级文物。

56 铜妇好方斝

商代后期（公元前1300～前1046年）

通高67.6厘米，口长25.6、口宽23.2厘米

河南省安阳市殷墟妇好墓出土

河南博物院藏

口呈长方形，外侈，沿上立有一对束腰方柱。深腹，腹一侧有鋬，平底，下有4个向外弯曲的锥状足。通体满饰花纹，斝上部饰蕉叶纹、下饰对龙纹与兽面纹。内底铸有"妇好"2字铭文。

妇好为商王武丁的配偶，甲骨文屡有记述。此斝造型巨大，且在方体中局部富有曲线，再加上半环状鋬，造型尤显匀称。8条扉棱在斝上安排得体，使该斝棱角突出，具有特别重要的历史和艺术价值，定为国家馆藏壹级文物。

57　铜凤柱斝

商代后期（公元前1300～前1046年）

通高41、口径14.5厘米

1973年陕西省岐山县贺家村出土

陕西历史博物馆藏

侈口平底，颈腹分界明显，斝上饰兽首，足作三棱锥形。立柱上装饰立体的歧冠凤鸟，体饰羽纹，尾翎短挺；颈及腹均饰云雷纹组成的卷角兽面，两旁配置鸟首。

此斝虽出土于贺家村1号西周墓，但从造型到装饰都表现出商代晚期青铜铸造的工艺特征，对于研究商代晚期周原地区的历史和艺术具有特别重要的价值，定为国家馆藏壹级文物。

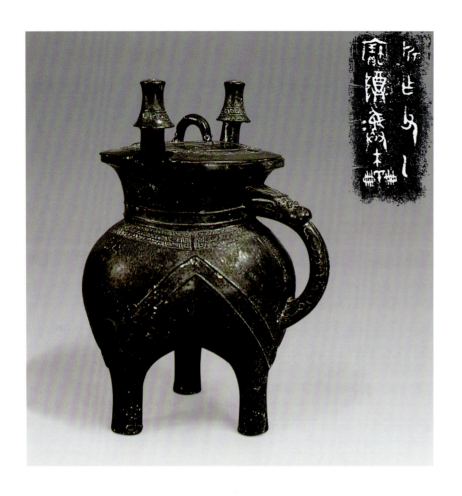

58　铜折斝

西周昭王时期（公元前995～前977年）

通高34.1、口径18.6厘米

1966年陕西省扶风县庄白村出土

宝鸡市周原博物馆藏

此斝为款足分裆式。高领平盖，盖上有拱起的半环纽，盖两侧有半圆形缺口以纳柱，肩上饰展体式虎头纹，柱顶和盖上分别饰雷纹和目雷纹，腹饰双线倒V字纹。盖内及斝下铸铭文各8字，记折作器。

此斝出土于微氏家族铜器窖藏，器物组合完整，器主和时代明确，造型别致，制作精美，不但是一件青铜器断代的标准器，同时具有特别重要的历史和艺术价值，定为国家馆藏壹级文物。

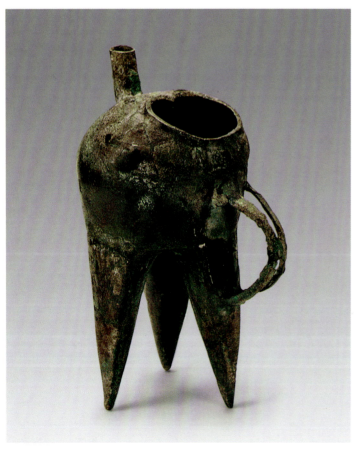

59　铜封口盉

夏（公元前2070～前1600年）

高24.5厘米

河南省偃师县二里头遗址出土

中国社会科学院考古研究所藏

盉为酒器。此盉上部呈圆弧状鼓起，一侧有一桃形口，与其相对的一侧有一斜向上的管状流。3只中空的四棱锥状足，口足之间有一长条镂孔的半环状鋬。器壁较薄，全器素面。

这种青铜酒器，与二里头文化陶盉相似，是迄今所见最早的一件铜盉，弥足珍贵，对研究我国夏代的青铜器与早期青铜器的铸造工艺，具有特别重要的历史价值，定为国家馆藏壹级文物。

60　铜徙遽觳盉

西周早期（公元前1046～前977年）

通高22厘米

1967年甘肃省灵台县白草坡出土

甘肃省博物馆藏

侈口鼓腹，浅分裆，四柱足，盖与器之间有链条连接。通体装饰纤细的云雷纹，颈部和流管间饰目纹；盖上及腹部的主体纹饰是外卷角兽面纹，四足饰三角纹。盖内铸铭文6字，记徙遽觳作器。

此盉出土于一座西周早期墓葬，器物组合完整，器主明确，保存完好，对于研究西周早期的历史和艺术，具有特别重要的价值，定为国家馆藏壹级文物。

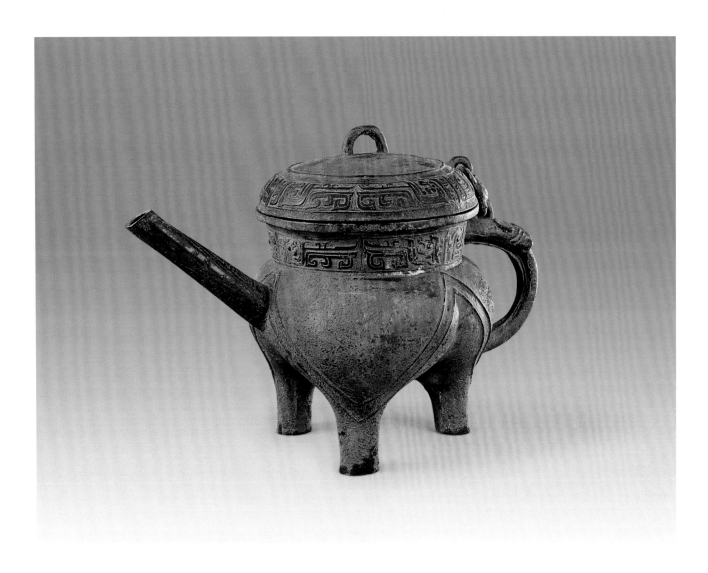

61 铜裘卫盉

西周恭王时期（公元前 922～前 900 年）

通高 29、口径 20.2 厘米

1975 年陕西省岐山县董家村出土

陕西省岐山县博物馆藏

束颈，分档款足，管状流，兽首鋬。盖沿和器颈均饰回顾式花冠龙纹，盖上增饰一道弦纹，腹上饰两道折线纹，流管饰三角纹。盖内铸铭文 132 字，记载恭王三年三月的一天裘卫用三件玉器和三件礼服换取矩伯的土地十三田之事。文中明确记载一件玉璋价值货贝八十朋，两件玉虎和两件鹿皮、一件鸢幭的价值总和二十朋，这在青铜器铭文中尚属首次发现。

此盉出土于西周铜器窖藏中，器主明确，保存完好，有准确的纪年，铭文对研究西周中期土地制度和社会经济具有特别重要的历史价值，定为国家馆藏壹级文物。

62 铜鸭形盉

西周中期（公元前976～前886年）

通高26厘米

河南省平顶山市滍阳岭应国墓地出土

河南博物院藏

　　器身作鸭形，折沿，直颈，圆肩，鼓腹，下有四柱足。覆钵式盖，中有圆形捉手，特别是盉的流口做成曲颈鸭头状，鋬作鸭尾形。鸭尾附一牛首，牛首上部立一人。该人高髻长衣，双手抱盖环。盖缘和器颈饰长冠卷尾鸟纹。盖内铸铭文五行44字，记述作器者获得某公赏赐事。

　　此盉与西周前期常见的四柱足盉不同，流与鋬铸成鸭形，同时又铸出铜人合抱盖环，设计巧妙，造型生动，并有长铭记事，具有特别重要的历史、艺术价值，定为国家馆藏壹级文物。

63　铜它盉

西周晚期（公元前 885～前 771 年）

通高 37.5、流至尾长 39.2 厘米

1963 年陕西省扶风县齐家村出土

陕西历史博物馆藏

　　此盉造型奇特，体呈扁鼓形，上部有椭方形口，下部有 4 个龙形扁足。流管细长，整体作龙形，龙角曲折，张口瞠目，四足屈曲紧贴腹壁。鋬呈回顾式立体龙形，曲角吐舌，尾巴上卷。盖上有圆雕卧鸟。腹侧饰连续式鳞纹，腹面中饰涡纹，其外饰鳞纹及兽体卷曲纹。盖内铸一字"它"，系人名或族氏文字。

　　此盉出土于扶风县齐家村西周铜器窖藏，保存良好，形制特殊，数量稀少，又有作器者的铭记，具有特别重要的历史和艺术价值，定为国家馆藏壹级文物。

64　铜蟠螭纹提梁盉

春秋中期（公元前 676～前 572 年）

通高 26、口径 11 厘米

河南省淅川县下寺楚墓出土

河南博物院藏

　　折沿平盖，中央有半环纽，盉腹呈扁圆形，圆底，下有三蹄足。腹前端有兽首曲管状流口，腹后端有云纹鋬，盉上有饰双头龙纹的拱状提梁，梁附有环链与盖纽相连。器身饰以蟠螭纹、绳索纹。

　　此盉制作工艺精致细腻，铸造技术精良，具有特别重要的历史和艺术价值，定为国家馆藏壹级文物。

65　铜伯百父盉

西周晚期（公元前885～前771年）

通高21.7、口径10.3厘米

1976年陕西省长安县张家坡出土

陕西历史博物馆藏

盉，水器。此器侈口束颈，广折肩，腹渐收，三足呈乳状。腹前有管状流，后有兽首鋬。盖顶铸成蟠龙形，肩上装饰着双头龙纹，流管饰窃曲纹。盖内铸铭文8字，记述该器是伯百父为其女孟姬制作的媵器。

此器出土于西周铜器窖藏，保存完好，器主明确，自名为盉，这在同类器物中尚属首次发现。它对于西周青铜器的定名、西周史和青铜艺术的研究，具有特别重要的价值，定为国家馆藏壹级文物。

66　铜妇好方尊

商代后期（公元前1300～前1046年）

高43、口长35.5、口宽33厘米

河南省安阳市殷墟妇好墓出土

河南博物院藏

方口外侈，束颈、折肩、直腹下收，平底，随形高圈足。口沿下饰蕉叶纹，腹与圈足饰兽面纹，肩部四周铸有高浮雕的四鸟与四兽首，四面中间与四角均铸有扉棱。内底中部有铭文"妇好"2字。

妇好为商王武丁配偶。据甲骨文记载，妇好曾作为女统帅带兵出征方国。此方尊方正典雅，造型与纹饰体现出一种尊严与神秘感，又以浮雕增添了艺术的感染力，具有特别重要的历史和艺术价值，定为国家馆藏壹级文物。

67 铜酰亚方尊

商代后期（公元前1300～前1046年）

高45.7、口径33.6厘米

故宫博物院藏

方体大敞口，长颈，折肩，随形高圈足。通体饰高扉棱，肩部四角各饰一长鼻上卷的象首，四面各饰一角上分杈的兽首，颈与肩均饰夔纹，腹部及足饰兽面纹。在口沿内侧铸9字铭文，是酰亚为先王和太子所铸的祭器。

此方尊形体厚重，纹饰精美，且有同铭文的方罍同时传世，更增加了它的重要性，具有特别重要的历史和艺术价值，定为国家馆藏壹级文物。

68 铜妇好鸮尊

商代后期（公元前1300～前1046年）

通高45.9、口长16.4、盖高13.4厘米

河南省安阳市殷墟妇好墓出土

河南博物院藏

枭类俗称猫头鹰，古名鸱鸮。这件鸮尊，昂首挺立，圆眼勾喙，耳后毛角高卷，双翅并拢，下垂的尾羽与鸟足鼎立而三，首后有口，口上有盖，盖纽雕一卷尾龙。背有兽首装饰的半圆形鋬。通体满饰繁缛纹饰，造型美观。内壁有"妇好"2字铭文。

此尊造型精美，且系科学发掘品，时代及器主准确，具有特别重要的历史和艺术价值，定为国家馆藏壹级文物。

69　铜豕尊

商代后期（公元前1300～前1046年）

高40、长72厘米

1981年湖南省湘潭县九华乡金盆养鲤出土

湖南省博物馆藏

这件豕尊除盖上的捉手稍残外，其余保存完好。背部较平直，有椭圆形盖，捉手为鸟形。豕尊造型逼真，整器为一肥壮的公猪形象。嘴长翘，眼圆睁，牙外露，鬃竖起，臀腹滚圆。除下腹光素外，全身布满纹饰。地纹为云雷纹。头部饰兽面纹，腹背为鳞甲纹，四肢和臀部饰倒置的夔龙纹。前后肘部各有一横穿的圆管，直径1.4厘米，用以穿绳抬运。由于在长期使用过程中有所损坏，故有6处补铸痕迹，其补铸时间约在商末周初。

在商周青铜礼器中，以豕为造型者甚为少见，出土地点明确，铸造精湛，具有特别重要的历史和艺术价值，定为国家馆藏壹级文物。

70　铜象尊

商代后期（公元前1300～前1046年）

通高22.8、长26.5、宽14.4厘米

1975年湖南省醴陵市狮形山出土

湖南省博物馆藏

尊作一卷鼻立象形。鼻端作凤首，凤冠上伏一虎，鼻下部饰一倒置的龙。鼻中空，即为尊之流。耳正面饰云雷纹，背面饰凤鸟纹。背有一椭圆形口，盖已失。全身以云雷纹为地，满饰兽面、虎、夔龙、凤鸟等图像20有余。

此尊造型极为精巧，纹饰非常华丽，铸造技艺超凡，是目前内地仅存的一件商代象尊，且出土地点明确，虽失盖，仍具有特别重要的历史和艺术价值，定为国家馆藏壹级文物。

71　铜兽面纹尊

商代后期（公元前1300～前1046年）

高73.2、口径61厘米

1966年湖南省华容县出土

湖南省博物馆藏

口作大喇叭形，长颈，折肩，斜腹，圈足高且向内收。腹、足各有3条扉棱，肩饰扁身鸟3只，肩、腹间饰3个兽首，圈足上部有3个"十"字形镂孔。腹和圈足上饰兽面纹，均以云雷纹为地纹。

此尊圈足特高，兽面雄伟，甚为少见，表现出鲜明的地方特色，具有特别重要的历史和艺术价值，定为国家馆藏壹级文物。

72 铜何尊

西周成王时期(公元前1042～前1021年)

通高38.8、口径28.8厘米

1963年陕西省宝鸡市贾村镇出土

宝鸡青铜器博物馆藏

造型为筒状三段式,通体有4道镂空扉棱,将尊体表面分成四等分,除颈部饰四组蕉叶形兽体纹和蛇纹外,腹部及圈足的纹饰均为两组内卷角兽面,腹部的兽角翘出器表。内底铸铭文122字,内容是成王的一篇重要诰命。文中第一次出现"中国"二字。铭文证实了周武王灭商以后,曾筹划迁都洛邑和成王继续营建成周的史实。

此尊是一件制作精美、装饰豪华的青铜礼器。铸造时代明确,保存完好,铭文是一篇珍贵的历史文献,它对于研究周初的历史和青铜器铸造艺术,都具有特别重要的价值,定为国家馆藏壹级文物。

73　铜邓仲牺尊

西周早期（公元前1046～前977年）

通高38.8、长41.4厘米

1984年陕西省长安县张家坡出土

中国社会科学院考古研究所藏

整体作神兽形，头上竖立双角双耳，身有双翼，曲颈短尾，
头后立一卷尾虎，胸前及臀部各有1条龙，背铸椭方形口，盖
纽铸立体凤鸟。通体以雷纹作底，盖沿、兽胸、兽腹和臀部，

分别饰以双龙、龙虎、回顾式虎耳龙和回顾式花冠龙。缜密精致，富丽堂皇。器腹及盖内各有铭文6字，记邓仲作器。

此牺尊出土于西周丰镐遗址的一座西周墓葬中，据考证墓主就是邓仲，惜遭盗掘，仅余牺尊等几件文物，弥足珍贵。它的造型
奇特，制作精工，纹饰绮丽，是西周青铜器中难得的艺术珍品，对于研究西周史和艺术，具有特别重要的价值，定为国家馆藏壹级
文物。

盖 铭

器 铭

74 铜盠马尊

西周恭王时期（公元前 922～前 900 年）
通高 23.4、长 34 厘米
1955 年陕西省眉县李村出土
中国国家博物馆藏

器作昂首站立的马形，尾下垂，造型逼真，腹腔中空。背部开有方口，上置盖。腹饰圆涡纹，简洁朴实。胸前铸铭文94字，盖铭11字，记述某年十二月甲中，周王在庈地举行执驹典礼，升新驹于王闲（马厩），周王亲自赐给盠两匹马驹以资奖励。

此铜尊造型巧妙，铸作精致，为商周青铜器所仅见，是一件不可多得的艺术瑰宝；铭文又为研究西周王朝的养马制度，提供了重要资料，具有特别重要的历史、艺术价值，定为国家馆藏壹级文物。

75 铜牛尊

西周中期（公元前976～前886年）

通高24、长38厘米

1967年陕西省岐山县贺家村出土

陕西历史博物馆藏

整体作牛形，盘角翘首，两目圆睁，作吼叫状，伸舌作流，卷尾成环形錾，背上开口，盖上立虎形纽。体饰兽目交连纹和兽体卷曲纹，盖饰回卷尾夔龙纹，均以云雷纹填地。

此尊造型简练，纹饰华美，出土地点明确，保存完好，对于研究西周历史和青铜器艺术，具有特别重要的价值，定为国家馆藏壹级文物。

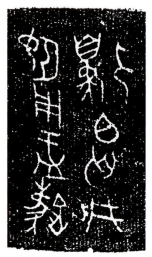

76 铜㢣伯貘尊

西周中期（公元前976～前886年）

通高18.6、长30.8厘米

1974年陕西省宝鸡市茹家庄出土

宝鸡青铜器博物馆藏

整体作马来貘形。体态丰满，圆耳长吻，腹部微腆，四足较短，背部开有方口，盖纽作立虎形，尾部有半环形鋬。两耳、两肩胛及两后臀均饰圆涡形卷曲兽体纹。盖内铸铭文8字，记㢣伯为其妻井姬铸器。

此尊出土于西周㢣伯墓葬中，墓主明确，保存很好，且造型特别，装饰精美，对于研究西周王朝异姓侯国——㢣国，与周边的井等诸侯国的关系，具有特别重要的历史价值，其造型又具有特别重要的艺术价值，定为国家馆藏壹级文物。

77　铜三足鸟尊

西周中期（公元前976～前886年）

通高22.5、长31.2厘米

1974年陕西省宝鸡市茹家庄出土

宝鸡青铜器博物馆藏

整体作三足鸟形，鸟体丰满，圆目钩喙。昂首挺立，尾作长方形，两侧的垂羽作阶梯形。周身饰鳞状羽纹，尾饰链状羽纹。

此尊出土于茹家庄強伯墓中，是強伯随葬铜礼器中的精品之一，造型生动，遗存较少，是研究西周青铜器艺术和神话传说不可多得的实物，具有特别重要的历史和艺术价值，定为国家馆藏壹级文物。

78 铜神兽尊

战国（公元前475~前221年）

通高53.7厘米

1991年广西贺县沙田龙中山崖洞墓出土

广西壮族自治区贺县博物馆藏

张口露齿，双目圆睁，双耳双角直立，角作柱状，上饰蝉纹。鼻梁、鼻孔用卷云纹和涡纹勾出。躯体粗壮，背部有椭圆形口，有盖，有链与颈上之环相连。盖面饰蛇纹，蛇身有3道鳞纹，蛇首居中昂起，形成捉手，颈、腹部以雷纹为地，饰变形兽面纹。尾为一攀附的独角龙。底平，下有4只兽足。

此尊造形奇特，纹饰具有越文化特征，存量稀少，具有特别重要的历史和艺术价值，定为国家馆藏壹级文物。

79 铜宣和三年尊

北宋宣和三年（1121年）

高27.4、宽22.4厘米

故宫博物院藏

圆体、侈口，器身有4道扉棱，圈足。颈部饰蕉叶夔纹，腹及圈足饰以扉棱为鼻的兽面纹。底外部有"宣穌（和）三年正月辛丑"等铭文共25字。

此尊为北宋仿古的标准器，具有特别重要的历史价值，定为国家馆藏壹级文物。

中陵胡傅铜温酒樽重廿四斤河平三年造

80 铜鎏金温酒樽

西汉河平三年（公元前 26 年）

高 24.6 厘米

1962 年山西省右玉县出土

山西省博物馆藏

筒形、有盖、下有三熊足。腹部上下装饰 2 组动物，上组有双峰骆驼、犀牛、飞鸟、兔、狼、虎、猴等。下组有狮、猴、狼、熊、兔、虎、大雁等。盖上以三凤鸟为组。在口沿上有"中陵胡傅铜温酒樽重廿四斤河平三年造"17 字铭文。

该樽通体鎏金，并饰有形态不同的各种动物和纪年铭文，且自名为"温酒樽"，为这类器的定名提供了科学依据，具有特别重要的历史和艺术价值，定为国家馆藏壹级文物。

81 铜角形觥

商代后期（公元前 1300～前 1046 年）

高 18.8、长 41.5 厘米

1959 年山西省石楼县桃花庄出土　　山西省博物馆藏

觥，盛酒器。此觥与一般常见之觥不同，整体作角形，上面浮雕一条龙纹，由器首向后延伸，昂首翘鼻，口微张，利齿毕露，双目圆睁，角粗壮。通体饰精美华丽的图案，其身两侧饰鳄鱼纹及夔龙纹，尾在前，头在后。

此觥是一件将容器与圆雕、浮雕相结合的佳作，具有特别重要的艺术价值，定为国家馆藏壹级文物。

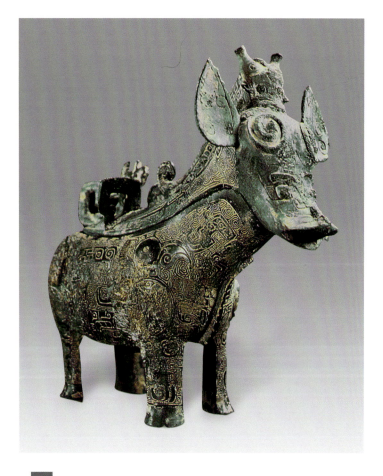

82 铜凤纹兽形觥

商代后期（公元前 1300～前 1046 年）

通高 19.2、通长 21.9 厘米

1983 年陕西省洋县张村出土

陕西省洋县博物馆藏

觥作兽形，兽首连背作觥盖，兽颈为流。兽首张口，两耳竖立，额上饰两条蟠蛇纹。盖前脊有圆雕卷尾龙，后脊有扁条卷尾龙。盖后段作兽面纹，体两侧饰以圆目钩喙的大凤鸟纹，后腿至臀部饰卷尾夔龙纹，通体用纤细的云雷纹衬底。

此觥的造型设计别具一格，它将实用的酒器与艺术装饰巧妙结合，在同期的象生铜器中较罕见。出土地点明确，保存良好，对于研究陕西商代晚期的历史和青铜器艺术，具有特别重要的价值，定为国家馆藏壹级文物。

83　铜折觥

西周昭王时期（公元前995～前977年）

通高28.7、长38厘米

1976年陕西省扶风县庄白村出土

宝鸡市周原博物馆藏

　　觥盖前端为一羊首，曲角鼓目；后端作大兽面，巨目张口，眉作卷曲龙形。盖的两侧饰顾龙一对，体饰外卷角兽面纹；觥鋬铸出三种动物形象，上为龙角兽首，中为鸷鸟，下为象鼻，安排甚为得体。盖和器各铸铭文40字，记述周王命令折赠送土地给相侯，完成使命后得到周王赏赐的奴隶和青铜料。

　　这件觥出土于庄白一号窖藏，作器者折是微氏家族第四代。造型优美，装饰华丽，时代明确，保存完好，造型和装饰代表了西周早期高度发达的青铜器艺术水平，具有特别重要历史和艺术价值，定为国家馆藏壹级文物。

84 铜日己觥

西周中期（公元前976～前886年）

通高32、长33厘米

1963年陕西省扶风县齐家村出土

陕西历史博物馆藏

曲口方体，四角有透雕扉棱。盖前端作龙头形，突目竖角，两角之间配置小兽头。盖后部浮雕虎面，脊两侧饰以长冠垂尾凤鸟纹，其后有长冠小鸟。觥鋬做成鸟尾，宽大透迤，上饰羽纹。盖内与器内底各铸铭文18字，记天氏为亡父日己铸造祭器。

此觥出土于西周铜器窖藏，器物组合清楚，器主明确，保存完好，且造型别致，装饰华美，它对于研究商周青铜器发展演变和艺术史，都具有特别重要的价值，定为国家馆藏壹级文物。

85　铜兽面纹卣

商代前期（公元前1600～前1300年）

通高31、口径7.8厘米

1974年湖北黄陂县盘龙城李家嘴1号墓出土

湖北省博物馆藏

卣，盛酒器。小口、长颈、圆腹、圈足，肩颈部有绳索状提梁，盖上有链与提梁相连。盖和肩部饰夔龙纹和圆圈纹，颈饰弦纹，腹部主纹为兽面纹，兽面上下各有1周圆圈纹。均无地纹。圈足上有方形镂孔。

这种商代前期的圆壶形提梁卣存量稀少，又首次在长江沿岸见到，具有特别重要的历史和艺术价值，定为国家馆藏壹级文物。

86 铜十字形空心方卣

商代后期（公元前 1300～前 1046 年）

通高 28、口径 7.3 厘米

江西省新干县大洋洲出土

江西省博物馆藏

圆盖微隆，敞口，长颈，折肩，方腹，下有略撇的圈足。肩两侧各铸小纽，连接一扁平的环形提梁，提梁两端作兽首状。提梁上有一环，与弧形盖以环相连。方腹中央有通透槽孔，水平断面形成十字形空心。提梁外侧饰鳞纹，兽首双角内卷。颈部纹样有上下两层，上层为简体式兽面纹，下层为内卷角兽面纹，肩部饰简化兽面纹，腹部方槽四周饰兽面纹和兽目交连纹，圈足有镂空花纹。

此卣分铸，铸接成形，工艺精巧，装饰华美，铸造技术纯熟，具有特别重要的历史和艺术价值，定为国家馆藏壹级文物。

87 铜古卣

商代后期（公元前 1300～前 1046 年）

高 33.2、口径 15.7 厘米

上海博物馆藏

整体作直筒形，盖为覆钵式，上有圆形捉手。颈部两侧各有一半环，上连兽首提梁，在提梁曲折处铸出较小的兽首。颈及圈足饰分体龙纹，盖及腹部有浮雕的大牛头，双角翘起，巨睛暴目，分外威严。器、盖各有铭文6字，是贵族"古"为其父己所作的祭器。

古族是商代的氏族，此卣是古氏族祭祀父己的铜器。具有特别重要的历史和艺术价值，定为国家馆藏壹级文物。

88 铜戈卣

商代后期（公元前1300～前1046年）

通高37.7厘米

1970年湖南省宁乡县黄材王家坟山出土

湖南省博物馆藏

　　卣身椭圆，造型庄重。盖、身有4道粗大的扉棱。盖顶饰棱纹，盖沿饰兽面和凤鸟。卣身纹饰四层，颈有夔龙纹4条，肩饰直棱纹，腹饰短尾对凤纹4组，圈足上有长尾鸟4只。提梁饰兽首和夔龙。盖内和底内均铸"戈"字铭文。器身颜色黑亮，而提梁呈浅绿色，说明是用两种成分不同的合金铸成，即提梁含铜多，含锡少，较柔韧，不易折断，而器身则含锡较多，较坚硬。出土时卣内盛玉器320余件。

　　"戈"是商周铜器中较常见的族徽。此器可能是"戈"氏族南迁时带至江南的。此卣是商代青铜器中的精品，保存完好，又出土于江南，具有特别重要的历史和艺术价值，定为国家馆藏壹级文物。

89 铜对鸮卣

商代后期（公元前1300～前1046年）

通高21、口径11.5～12.5厘米

河南省罗山县后李村出土

河南博物院藏

腹部椭圆，为两鸮相背而立形象。龙首提梁。盖饰两鸮首，纽为六瓣菌状。圜底下有四蹄形足，足饰蜷曲龙纹，圜底下有阴线龟纹，鸮面为常见的兽面纹，腹部鸮翼上饰龙纹，翼侧饰鸟纹。

此卣整体构思巧妙，造型圆浑灵巧，工艺精湛，具有特别重要的艺术价值，定为国家馆藏壹级文物。

90 铜漂伯卣

西周早期（公元前1046～前977年）

通高29、口径12厘米

1967年甘肃省灵台县白草坡出土

甘肃省博物馆藏

圆筒形，隆盖有圈状捉手，提梁两端作羊首形。盖沿、器颈及下腹均饰顾首卷尾龙纹，颈部的龙纹中央增饰浮雕牺首。盖、器各铸铭文6字，记漂伯作器。

此卣出土于一座西周初期墓葬中，造型少见，保存完好。这种直筒形提梁卣铸有铭文的极少，该卣的铭文虽少，但它记有国名，对于研究西周初期的封国有着特别重要的历史价值，定为国家馆藏壹级文物。

盖铭　　　　　　器铭

91 铜丰卣

西周穆王时期（公元前 976～前 922 年）

通高 21 厘米，口径 8.8～12.2 厘米

1976 年陕西省扶风县庄白村出土

宝鸡市周原博物馆藏

椭圆形，矮体垂腹，盖纽作圈状，提梁两端有圆雕羊首。通体装饰华丽，以云雷纹作地，提梁饰以蝉纹，颈部饰浮雕虎头及分尾花冠凤鸟，盖上饰鸟蛇纹，腹部饰花冠垂尾大凤鸟，两两相对。盖与器各铸铭文 31 字，记述周王在成周命丰去殷见大矩，大矩赏赐丰青铜和贝。

丰卣出土于庄白一号西周窖藏，从同出的器物铭文得知，作器者丰是微氏家族的第五代，生时主要在穆王世。卣的造型和装饰手法都代表了西周中期的艺术风格，具有特别重要的历史和艺术价值，定为国家馆藏壹级文物。

92 铜水族纹卣

春秋（公元前 770～前 476 年）

通高 50、口径 24.4 厘米

1985 年湖南省衡阳县赤石乡黄泥岭 315 号墓出土

湖南省衡阳市博物馆藏

身椭圆，盖面上弧，中央有方柱形捉手。侈口、矮颈、垂腹、圈足。双首龙形提梁。盖面 4 条扉棱由变形夔龙组成，将纹饰分为四组。以云雷纹、窃曲纹为地纹，主纹为两条一组的蛇形动物，共八条。在主纹之间还补饰蛇、蛙、龟、鸟等动物。卣身以云纹、几何纹、S 形纹为地纹，主纹为两只大钺形物。

此卣纹饰自由洒脱，胎壁甚薄，显出地方特点，应为当地越族人的制品，具有特别重要的历史和艺术价值，定为国家馆藏壹级文物。

93 铜兽面纹罍

商代后期（公元前 1300～前 1046 年）

高 50、口径 26.2、圈足高 15.6 厘米

1982 年湖南省岳阳县荣家湾鲇鱼山出土

湖南省岳阳市博物馆藏

圆形，小口，方唇，折肩，深腹内收，高圈足，底有 3 个很短的扁足。颈饰弦纹，肩部有 4 个兽首，兽首间还有 4 只扁身凤鸟。腹、圈足上饰四道扉棱，肩部饰夔龙纹，腹部主纹为四个兽面，兽面两侧有倒置的夔龙，兽面上部有一周由米字形和圆涡形组成的纹带，兽面下有一周 12 尾鱼纹。圈足上亦饰兽面纹。均以云雷纹为地纹。

此尊出土地点明确，造型独特，纹饰华丽。以鱼纹为饰，既有浓厚的殷商文化因素，又有江南商器的特点，具有特别重要的历史和艺术价值，定为国家馆藏壹级文物。

器 铭

盖 铭

94 铜酰亚方罍

商代后期（公元前 1300～前 1046 年）

高 62.2、口径 16.9 厘米

故宫博物院藏

方体，有盖，长方圈足。通体饰有扉棱。花纹缛丽，在盖及腹部饰兽面纹，肩部、颈及圈足均饰夔纹，花纹均凸出器的表面，在其肩部前后两面饰兽首，肩的两侧及腹下部饰兽首耳，在器口内及盖内，均有"酰亚者姤以太子障彝"9 字铭文。"酰亚"是商代活动在今山东益都一带的大族。

此罍造型浑厚，又有较长铭文，具有特别重要的历史和艺术价值，定为国家馆藏壹级文物。

95　铜蟠龙纹兽首双环耳罍

西周早期（公元前1046～前977年）

高44.5、口径15.3厘米

1973年辽宁省喀喇沁左翼蒙古族自治县出土

辽宁省博物馆藏

侈口，长颈，圆肩，深腹，圈足。盖上有昂首蟠龙。腹部饰兽面纹，肩部饰卷体兽纹。

此罍出土于古代的孤竹故地，铸造精美，具有特别重要的历史和艺术价值，定为国家馆藏壹级文物。

96　铜兽面纹三羊首瓿

商代后期（公元前1300～前1046年）

高52、口径41厘米

故官博物院藏

瓿，盛酒器。大口，广折肩，鼓腹，高圈足。肩上铸3个双角弯曲、双目突出的羊首，腹部饰圆目突出的兽面纹。均以雷纹为地纹。

此瓿器形与纹饰协调，铸造精细，充分体现了当时铸造工艺的精湛与高度的设计水平，具有特别重要的艺术价值，定为国家馆藏壹级文物。

97　铜兽面纹瓿

　　商代后期（公元前1300～前1046年）

　　通高47.6、口径29.8厘米

　　河南省安阳市殷墟妇好墓出土

　　河南博物院藏

　　盖隆起，作半球形，正中有蘑菇状纽。器口微敛，短直颈，微内敛，鼓腹，平底，圈足。通体满饰花纹，腹外突出4道扉棱。盖与器腹饰兽面纹，肩部有浅浮雕的兽头4个。

　　此器为商王武丁配偶妇好墓中出土，其时代明确，器物大而厚重，乃是商代王室重器。具有特别重要的历史和艺术价值，定为国家馆藏壹级文物。

98　铜兽面纹贯耳三足壶

　　商代前期（公元前1600～前1300年）

　　通高31.5、口径8厘米

　　1980年陕西省城固县龙头镇出土

　　陕西省城固县文化馆藏

　　壶，盛酒器。此壶呈瓠形，直口长颈，深鼓腹，腹下面有3个兽头形足。颈部有贯耳可以穿系。盖面和腹部装饰兽面纹，口下饰以雷纹，斜肩饰以变形夔纹。纹饰粗犷，不施地纹。

　　此壶出土于一座商代铜器窖藏中，保存较好，造型别致，较为少见，具有特别重要的历史和艺术价值，定为国家馆藏壹级文物。

99 铜梁其壶

西周晚期（公元前 885～前 771 年）

通高 35.6、腹径 30 厘米

1940 年陕西省扶风县任家村出土

陕西历史博物馆藏

体呈圆角方形，颈两侧有卷鼻象首衔环耳，口沿内折，其上做成镂空的环带纹花边，平盖嵌在其内，盖纽呈圆雕卧牛。腹部以条带作格，中饰兽体卷曲纹，颈和圈足分别饰兽目交连纹和弦纹。器口花边及颈部铸铭文45字，记述梁其作尊壶，用以享孝其先祖。

此壶为西周窖藏出土，同出青铜器百余件，惜多已散失。梁其壶是现存的数件铜器中制作最精美的一件，器主和出土地点明确，保存完好，具有特别重要的历史和艺术价值，定为国家馆藏壹级文物。

盖 铭

100 铜曾仲斿父壶

西周晚期（公元前 885～前 771 年）

通高 66 厘米，底长 30.8、宽 23.8 厘米

1966 年湖北省京山市宋河坪坝苏家垄出土

湖北省博物馆藏

敞口，束颈，垂腹，长方形圈足。颈两侧有兽首衔环，盖上有莲花瓣饰，盖沿饰夔龙纹，壶口外侧、肩、腹饰环带纹3组，用弦纹隔开，线条流畅，立体感强。盖内和口内均铸铭文"曾仲斿父用吉金自作宝障壶"12字。

《国语·晋语》有"申人、鄫人，召西戎以伐周"的记载。此器即是鄫国之重器，具有特别重要的历史和艺术价值，定为国家馆藏壹级文物。

101 铜鸟兽龙纹壶

春秋晚期（公元前571～前476年）

高44.2、口径16.5厘米

1923年山西省浑源县李峪村出土

上海博物馆藏

形体高大，口外侈，颈束敛，腹部圆鼓，最大腹径在腹中部，下有圈足。自口至颈有3组纹饰，均为人面鸟嘴兽身鸟尾的神物和龙相缠绕，最下一组纹饰是兽面和噬蟠龙纹。在每两道纹饰之间，以犀、牛、虎、豹等写实的动物纹相隔，个个形态生动。腹下还有昂首曲颈的雁群环绕一周。圈足饰贝纹和绳索纹。

此壶造型优美，纹饰既有神秘的想象物，又有写实的动物，装饰性很强，而且有地域特点，具有特别重要的艺术价值，定为国家馆藏壹级文物。

102 铜鸟盖瓠形壶

战国中期（公元前4世纪初～前4世纪末）

通高33.5、口径5.8厘米

1967年陕西省绥德县废品库拣选

陕西历史博物馆藏

器作瓠形，颈斜侧，鼓腹，圈形足。盖作鸟形，鸟喙可开合，鸟盖尾下有环，上系链条，腹有龙头八棱形鋬。腹饰珠点组成的蟠螭纹。

此壶造型别致，制作精美，器形稀见。是战国时期青铜器中的佳作。具有特别重要的艺术价值，定为国家馆藏壹级文物。

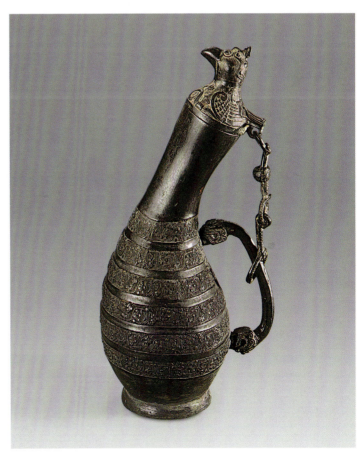

103　铜人物瑞兽嵌红铜画像壶

春秋（公元前770～前476年）

通高41.8、口径12.4、底径14.6厘米

1990年3月河南省淅川县和尚岭出土

河南博物院藏

侈口，长颈，圆肩，肩部附有一对铺首衔环耳，鼓腹，平底，圈足。有盖，盖上附4个环形纽。盖上正中嵌一柿蒂纹，纽间有4组8只立兽。器表通体镶嵌红铜画像。画像用对顶三角形图案分隔成7层26组，有凤鸟、仙人、武士、龙、虎、羊、兽及云气纹等图案造型，布局严谨，具有特别重要的历史、艺术价值，定为国家馆藏壹级文物。

104　铜云纹提链壶

战国晚期（公元前 4 世纪末～前 221 年）

通高 37、腹径 17 厘米

1957 年湖南省长沙市烈士公园 3 号墓出土

湖南省博物馆藏

壶盖上立 3 个 S 形纽，小口、细长颈、长椭腹、圈足。腹部两侧有一对铺首，接链式提梁，横梁弧曲，作双首龙形。靠圈足处还有一铺首。全身饰云纹，肩部为三角云纹，腹部饰精细的变形云纹，以极细的席纹为地纹。

此壶造型美观，花纹清晰，铸制精良。是南楚地区楚器中最精美的一件，代表了南楚地区青铜铸造工艺的水平，具有特别重要的历史和艺术价值，定为国家馆藏壹级文物。

105　铜蟠虺纹兽耳方壶

春秋中期（公元前 676～前 572 年）

通高 79.2、口径 18.8～22.7 厘米

河南省淅川县下寺楚墓出土

河南博物院藏

盖镂空，顶部外侈。侈口，细长颈，鼓腹下垂，长方圈足。颈两侧以双兽为耳，曲身卷尾，作向上攀援爬行之状。圈足下二兽，卷唇吐舌，以背负壶。壶的颈部，饰蕉叶纹，腹部有交叉凸起的"十"字形凸纹，腹上部饰蟠虺纹。

此壶的造型、设计巧妙，富有神秘的气氛，展示出楚文化特色，具有特别重要的历史、艺术价值，定为国家馆藏壹级文物。

106　铜立鹤方壶

春秋中期（公元前 676～前 572 年）

高 125.7、宽 54 厘米

1923 年河南省新郑出土

故宫博物院藏

盖四周饰双层莲瓣，并在莲瓣中站立一张口昂首展翅欲飞之鹤。壶身圆角方形，侈口，长颈，兽耳，圈足。

足下立雕双兽，作负重状。壶颈两侧各铸一顾首卷尾龙为耳，腹部四角有飞龙形饰件。

此方壶形体高大，结构复杂，在青铜器中少见，具有特别重要的历史和艺术价值，定为国家馆藏壹级文物。

107　铜安邑下官锺

　　战国晚期（公元前4世纪末～前221年）

　　通高56、口径19厘米

　　1966年陕西省咸阳市塔儿坡出土

　　咸阳市博物馆藏

　　长颈、圆腹、圈足。盖上有3个环纽，肩部有一对衔环铺首。盖上饰云纹，自肩及腹饰四道宽带纹，带上镶嵌绿松石。腹上有铭文27字，自名为锺，并记制造年代、监制官吏及容积。颈部刻一横线，有"至此"2字，系测量标记。今测容水25090毫升。口沿有5字，系秦人字体，记容积。十三斗一升，量值折算，每升容201.5毫升。

　　此锺系战国晚期魏国的器物，后落入秦人之手，对于研究战国时期秦、魏容量制度有特别重要的历史、科学价值，定为国家馆藏壹级文物。

108 铜吴邦佐造嵌金片瓶

明·宣德（1426～1435 年）

高 22.1、足 8.2 厘米

故宫博物院藏

此瓶圆桶形，束颈，肩部饰双兽首耳，平底。通体嵌有形态各异的金片，瓶外底有剔地阳文"吴邦佐督造"5 字。吴邦佐是明宣德年间负责冶炼、铸造宣德炉的督造官，其作品皆"精妙绝伦"，当时就十分珍贵。

此瓶造型大方稳重，色泽华美，是吴邦佐所制传世品的代表作，具有特别重要的艺术和历史价值，定为国家馆藏壹级文物。

109　铜曾伯文镭

西周晚期（公元前 885～前 771 年）

通高 36、口径 15.5 厘米

1970 年湖北省随县均川熊家老湾出土

湖北省博物馆藏

镭，盛酒器。此镭作小口、折唇、细颈、广折肩、斜腹、矮圈足。盖上饰盘龙，肩饰变形夔龙，口沿铸铭文 11 字："唯曾伯文自作饮镭，用征行"。

此器自铭"饮镭"，为"曾伯文"为"征行"而作，是曾国的重器之一，数量稀少，具有特别重要的历史价值，定为国家馆藏壹级文物。

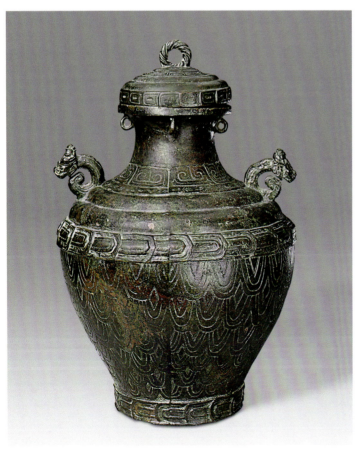

110　铜郑义伯镭

春秋早期（公元前 770～前 677 年）

高 45.5、宽 31 厘米

故宫博物院藏

圆体，硕腹，有盖，圈足，盖顶环纽饰绳索纹，器口沿下饰有四环，肩上两耳作卷曲兽形，器身饰重环纹及垂鳞纹。盖与器颈部均有铭文，盖铭 33 字，器颈部铭文 32 字，铭文大意为：郑义伯自作尊镭，用以和顺郑国，交睦邻邦。

此镭造型优美，纹饰典雅，具有特别重要的历史和艺术价值，定为国家馆藏壹级文物。

盖铭 器铭

111 铜倗尊缶

春秋晚期（公元前 571～前 476 年）

通高 38.2、口径 15.5 厘米

河南省淅川县下寺楚墓出土

河南博物院藏

尊缶，盛酒器。盖微鼓，盖顶有环纽。器小口，广肩，两侧各有一对提链耳。鼓腹平底，圈足。腹饰蟠虺纹。盖内及口沿内侧对铭："倗之尊缶"。

尊缶在楚国较多见。唯此缶花纹精细，又为楚国高级贵族所用，具有特别重要的历史和艺术价值，定为国家馆藏壹级文物。

112 铜曾侯乙鉴缶

战国早期（公元前 475～前 4 世纪初）

通高 63.3、边长 62～62.8 厘米，尊缶通高 52.4、口径 23.6 厘米

重 170 千克

1978 年湖北省随州市擂鼓墩曾侯乙墓出土

湖北省博物馆藏

此器由方尊缶和方鉴组成。尊缶置于鉴内。尊缶作方形，直口，方唇，鼓腹，平底，矮圈足。盖上立 4 个环纽，腹部有 4 个环耳。颈、上腹饰变形蟠螭纹，下腹饰蕉叶纹。方鉴作直口，方唇，短颈，深腹，矮圈足下有 4 个兽形矮足，方形盖镂孔，中央留有

方孔，用以放置尊缶之颈。鉴每边和四角各有一龙形耳，鉴底两层，外层为圆饼形下凹，中有十字形凸棱；内层为一圆盘，恰可嵌入外层下凸部位，器内壁伸出 3 个小凸榫将圆盘卡住，圆盘上有 3 个弯钩，其中一钩可以活动，以便扣紧方尊缶圈足。方鉴饰变形蟠螭纹、蕉叶纹、丁形勾连纹。尊缶盖内、方鉴盖外沿、鉴身内壁均刻"曾侯乙作持用终"7 字铭文。

这是一套以冰镇酒的大型用器，造型奇特，结构巧妙，铸造精密，具有特别重要的历史、艺术和科学价值，全套按一件计，定为国家馆藏壹级文物。

113　铜受觚

　　商代后期（公元前1300～前1046年）

　　高26.4、宽14.8厘米

　　故宫博物院藏

　　觚，饮酒器。颈部及腹部所饰花纹也较一般，但在圈足上所饰兽面纹镂空透雕，这在觚中极其少见。在圈内有一"受"字铭文，应为器主。

　　此觚有镂空圈足，特别稀少，具有特别重要的历史和艺术价值，定为国家馆藏壹级文物。

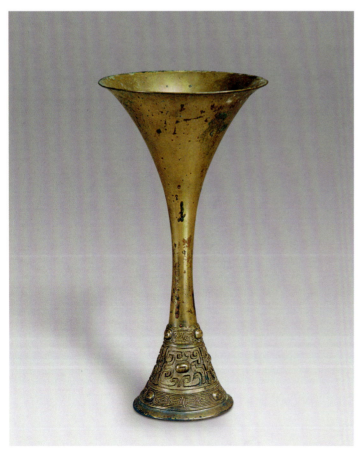

114　铜旅父乙觚

　　西周早期（公元前1046～前977年）

　　通高25.2、口径13.2厘米

　　1966年陕西省扶风县庄白村出土

　　宝鸡市周原博物馆藏

　　口外侈，中腰特细，上部光素，唯在圈足上饰以虎耳龙纹，上下配置目雷纹。龙纹线条细而深，其中似有镶嵌。圈足内壁铸"旅父乙"3字。

　　此觚出土于微氏家族铜器窖藏中，器主明确，造型别致，制作精美，保存完好，具有特别重要的历史和艺术价值，定为国家馆藏壹级文物。

115　铜兽面纹杯形器

商代后期（公元前1300～前1046年）

通高21.2、口径14.4厘米

1973年陕西省扶风县法门镇出土

陕西省扶风县博物馆藏

敞口，喇叭形高圈足。装饰单线云雷纹组成的兽面，上下以联珠纹镶边，圈足有两两相对的4个十字孔。

此器整体造型十分别致，在现存的商周青铜器中罕见，虽然口沿略有残破，但仍具有特别重要的历史价值，定为国家馆藏壹级文物。

116　铜龙凤纹斗

西周早期（公元前1046～前977年）

通长37.2、斗径5厘米

1966年陕西省扶风县庄白村出土

宝鸡市周原博物馆藏

斗，挹酒器。斗体呈圆柱形，口微敛，柄作弓形，上饰龙凤纹和兽面纹。

此斗出土于西周微氏家族铜器窖藏，形体大，装饰华丽，制作精美，时代明确，具有特别重要的历史和艺术价值，定为国家馆藏壹级文物。

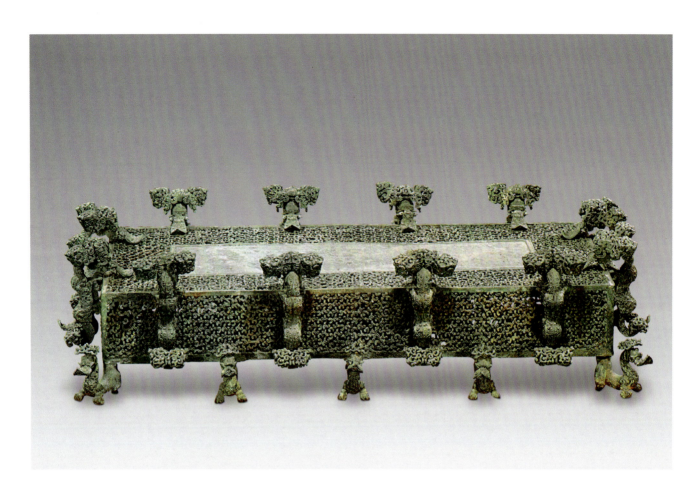

117 铜镂空云纹禁

春秋晚期（公元前571~前476年）

通高28.8、身长103、宽46厘米

河南省淅川县下寺楚墓出土

河南博物院藏

禁为承托铜礼器之器。此禁长方体，除体正中有一长方板外，其四周及器身四壁均镂空，而且多为重叠的盘绕云纹组合而成。器下有12个昂首曲身卷尾的伏兽承托。器身四周还有12个怪兽攀援向上，以为装饰。兽头大耳张开并伸出于禁面，显得生动有力。该禁内有四层粗细不等的铜柱支撑加固。

此禁装饰精细繁缛，制作工艺极为复杂，展示了楚国高超的青铜铸造水平，具有特别重要的历史、科学和艺术价值，定为国家馆藏壹级文物。

118 铜镶嵌兽纹浴缶

春秋晚期（公元前571~前476年）

高42.5、腹径57厘米

河南省固始县侯古堆大墓出土

河南省文物考古研究所藏

浴缶，盛水器。此浴缶盖微隆，中间有数条镂空龙纹托起圆形捉手。器小口，短颈，圆肩，鼓腹，平底。肩有一对兽首耳，内套提链。器与盖均有圆涡纹凸起。通体用红铜镶嵌出兽纹、圆涡纹、几何纹等。红铜片内有凸出物，嵌铸在该器上，以防脱落。

浴缶在南方楚、吴等国较常见。其形体巨大，纹饰活泼流畅，是当时精美的贵族用品，具有特别重要的历史和艺术价值，定为国家馆藏壹级文物。

119　铜中柱蟠龙盘

商代后期（公元前 1300～前 1046 年）

高 26、口径 61.5 厘米

浙江省温岭县琛山乡出土

浙江省温岭县文物管理委员会藏

盘，水器。此盘侈口，方唇，无耳，高圈足。腹外有 6 条扉棱间隔成 6 组纹饰，每组以同向双鸟为主纹，以雷纹为地纹。盘内底铸一条蟠龙，龙首在盘中央昂起，高出盘面 10 厘米，从这一点看与郑州商城的商代中晚期的中柱盂有相似之处。龙身两边饰鳞纹，中间夹有斜方格纹。圈足也有 6 个扉棱，圈足上饰有龙纹。

通常盘内蟠龙是平面或浅浮雕式，而这件盘内的蟠龙为柱式立雕，较为特殊。具有特别重要的历史和艺术价值，定为国家馆藏壹级文物。

120 铜史墙盘

西周恭王时期（公元前922～前900年）

通高16.2、口径47.3厘米

1976年陕西省扶风县庄白村出土

宝鸡市周原博物馆藏

此盘体形较大，直口附耳。腹及圈足分别饰花冠分尾凤鸟和兽体卷曲纹，以云雷纹填地。内底铸284字的长篇铭文。

此盘是西周微氏家族铜器窖藏的精品，制作精美，铸造年代明确，铭辞为四言韵文，语言精炼，词藻华丽，书体遒美，结构和谐。其内容前段叙述西周文、武、成、康、昭、穆六世及当朝天子恭王的业绩和功德。后段记述器主的家族史，概括地讲述了微氏家族数世得宠于周王朝，掌管王室威仪和图册典籍。它对于研究西周历史、书法和文学艺术等，都具有特别重要的价值，定为国家馆藏壹级文物。

121　铜蟠螭纹龟鱼方盘

战国（公元前 475～前 221 年）

高 22.5、宽 73.2 厘米　　故宫博物院藏

长方形，四角圆弧，盘下有四虎形足，虎背上有一螭与盘底相连。盘两侧各有一对兽面衔环。盘腹壁有浮雕的两只熊和鸟喙翼兽。盘内四壁浮雕青蛙，作由水中跳至岸上的姿态，盘内底饰三角云纹，并以蟠螭相绕组成水波流动状，其间浮雕龟、鱼、蛙等动物。

此盘形体较大，把多种形态生动的动物用浮雕的手法集于一器，在传世青铜器中罕见，具有特别重要的历史、艺术价值，定为国家馆藏壹级文物。

122　铜漆绘沐盘

西汉早期（公元前 206～前 141 年）

高 13.5、口径 50 厘米

1976 年广西贵县罗泊湾 1 号墓出土　　广西壮族自治区博物馆藏

沐盘，水器。宽折沿，直腹，圜底。4 个铺首分布四方。口沿、腹内外均有彩漆绘画。口沿画菱形纹，腹内壁绘巨龙、鱼和云纹，腹外壁绘画由 4 个铺首相隔分为四组。第一组为三人斗野猪，第二组有四人与惊马，第三组、第四组分别为五人和七人的故事，甚为生动。

此沐盘上彩绘的人物服饰、活动，对了解汉初南越国的社会生活具有特别重要的历史和艺术价值，定为国家馆藏壹级文物。

123 铜师𫘦匜

西周中期（公元前 976～前 886 年）

通高 20.5、通长 31.5 厘米

1975 年陕西省岐山县董家村出土

陕西省岐山县博物馆藏

匜，盥洗时浇水用器。此器是匜，却自名为盉，造型颇有特色。虎头平盖，款流直口，兽首形鋬，四足呈蹄形。口沿饰窃曲纹，简洁清秀。盖和器共有铭文157字，连读。铭文记载了一个名叫𫘦的官吏与其下属牧牛的一桩民事诉讼案件。内容反映的诉讼程序和审判制度，民事诉讼所表现的特征，判决书所提到的刑罚种类，均可以和《尚书》、《周礼》等有关章节相互印证，是一篇研究中国法律史的珍贵资料。

此匜出土于西周铜器窖藏，器主明确，具有特别重要的历史和艺术价值，定为国家馆藏壹级文物。

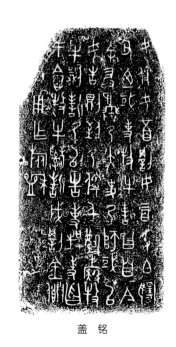

盖 铭

器 铭

124 铜鸟足兽形匜

春秋（公元前 770～前 476 年）

高 22.3、宽 42.7 厘米

故宫博物院藏

形体较大，纹饰繁缛生动，铸造工艺精湛。匜的流作兽头形、张口露齿、额饰镂空蟠虺纹，鋬作龙虎形，龙口衔匜之口沿，一虎咬住龙尾，再由虎尾连接匜之底部，龙身弓起以便手握。在龙的双角间立一小兽，在龙背上又伏二兽，在虎背上立一小兽。匜的四足作鸟形。为匜中之精品，具有特别重要的艺术价值，定为国家馆藏壹级文物。

125 铜蟠虺纹鉴

春秋（公元前 770～前 476 年）

高 14.1、口径 33.1、足高 2 厘米

1965 年湖南省湘乡市牛形山出土　湖南省博物馆藏

鉴，盛水器，可以用来照容。此鉴为直口、折唇，浅腹，平底。下有三只兽形矮足。两侧有兽首状半圆耳，耳套铜环。口部内外饰 S 形云纹，腹部纹饰由三道用斜线组成的绳索纹，分为四组，第一、三组由方形的蟠虺纹彼此连接而成，在虺的头、尾及部分转角处饰一凸起的圆管状装饰。紧靠底部还有一周三角云纹。

此鉴铸制甚精，纹饰细密而少见，呈越式铜器风格，具有特别重要的历史、艺术价值，定为国家馆藏壹级文物。

126 铜镶绿松石错金几何纹方鉴

战国（公元前475～前221年）

通高21.6、口边长30.1、底边长17.6厘米

河南省三门峡市上村岭出土

河南博物院藏

整体方斗形，口沿宽平，束颈，腹微鼓，斜收成平底，方圈足。四壁附龙形耳。通体镶嵌绿松石、错金成几何纹，精致细腻。

此方鉴与同出的方罍配套使用，鉴内盛冰水，可以用来降低罍中酒的温度。此鉴设计巧妙，铸造技艺娴熟。龙攀附于器壁，衔鉴唇沿，用力向上，生动有趣。具有特别重要的历史、艺术价值，定为国家馆藏壹级文物。

127 铜师永盂

西周恭王时期（公元前 922～前 900 年）

通高 47、口径 58 厘米

1975 年陕西省蓝田县洩湖镇出土

西安市文物保护考古所藏

盂，盛水或盛食器。此盂侈口，直腹，附耳，高圈足。颈部及圈足分饰夔龙纹和窃曲纹，腹部饰叶形兽体纹，前后扉棱上饰以圆雕卷鼻象首。内底铸铭文 123 字，记述益公受天子委托赐给师永田地，参与出命和授田仪式的还有邢伯、荣伯、尹氏、师俗父、遣仲等执政大臣。

此盂为西周窖藏出土，形体高大，造型优美，器主明确，而且保存完好，是我国青铜器中的珍品。铭文对于研究西周历史、经济制度和青铜器断代，具有特别重要的历史、艺术价值，定为国家馆藏壹级文物。

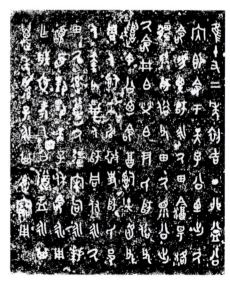

128　铜宽刃大斧

战国（公元前 475～前 221 年）

高 40、刃宽 43 厘米，重 14.6 千克

1967 年湖北省大冶市铜绿山古矿冶遗址出土

湖北省博物馆藏

　　斧，生产工具。此斧近三角形，有长方形銎，弧刃甚宽，有使用痕迹，是采矿用的工具。

　　这是目前所见先秦时期最大的铜斧，出土地点和用途明确，具有特别重要的历史和科学价值，定为国家馆藏壹级文物。

129　铜人物纹靴形钺

春秋晚期（公元前 571～前 476 年）

高 9.5、刃宽 12.4 厘米

1963 年湖南省衡东县霞流市出土

湖南省博物馆藏

　　靴形钺为古代兵器。銎呈椭圆形，銎后有半环纽，刃平，前锋上翘。两面均有绳索纹围框，框内铸满图案。正面一人，赤足，佩剑，另一面有 4 人，从左至右逐渐缩小，有的佩刀剑，有的持钺，还有的坐地举手，或作奔跑状。

　　从此钺的形制、纹饰和人物装束看，当是楚人占领湘南之前的越人所造，数量很少，有鲜明的地方特色，具有特别重要的历史和艺术价值，定为国家馆藏壹级文物。

130　铜刖人守囿挽车

西周晚期（公元前885～前771年）

高9.1、长13.7厘米

1989年山西省闻喜县出土

山西省考古研究所藏

此挽车为弄器。长方形，无辀、六轮。通体饰有繁缛之花纹。在车厢四角及两侧正中外沿饰有6只小兽，在后部的一扇车门上有一守门的刖人，其腋下有一门栓。车厢顶盖上有四只可以旋转的小鸟，设计灵巧。在车周身作为装饰性的附件中，能够活动的达15个之多。

从该车的造型、纹饰来看，它反映了西周时期晋文化的独特地方风格。这件玩品构思奇巧，工艺精绝，具有特别重要的历史、艺术和科学价值，定为国家馆藏壹级文物。

131　铜人擎灯

　　战国中期（公元前 4 世纪初～前 4 世纪末）

　　通高 16.3、盘径 8.6、铜人高 7.1 厘米

　　1986 年湖北省荆门市包山 2 号墓出土

　　湖北省荆门市博物馆藏

　　由灯盘和灯座两部分组成。盘中有支钉，外有凸棱两周。盘下之柱作圆柱形，上粗下细。灯座为一人形，头绾偏髻，发髹黑漆，宽面额，浓眉大眼，小嘴。着右衽广袖深衣，腰束宽带，左手扪胸，右手持灯，下有方形座。深衣下摆用红铜错勾连云纹。

　　此灯设计巧妙、造型新颖、制作精工、数量稀少，具有特别重要的历史、艺术价值，定为国家馆藏壹级文物。

132　铜漆绘跪坐人灯

　　战国（公元前 475～前 221 年）

　　通高 48.9、盘径 23.7 厘米

　　河南省三门峡市上村岭出土

　　河南博物院藏

　　灯盘为圆形，盘内有 3 个支钉。盘下有把柄，插入灯座人俑的双手持握的构件内。持灯柱的人俑坐姿，头梳偏髻，身着右衽掩膝长襦，腰系配有带钩的宽带，双手伸于胸前，手持叉形灯柱。人形衣饰，灯盘和把柄均有彩漆绘饰，现已脱落。

　　此灯不仅可用以研究古代灯具的工艺特征，而且还可以研究人物造型与服饰制度，具有特别重要的历史和艺术价值，定为国家馆藏壹级文物。

133 铜长信宫灯

西汉早期（公元前206～前141年）

通高48、人高45.5、灯盘径16.3厘米

1968年河北省满城县窦绾墓出土

河北省博物馆藏

灯为一通体鎏金坐姿的年轻宫女形象。左手执灯座，右臂上举，袖口与灯罩连接，宫女的头、右臂、灯罩、灯座均可拆卸清洗。为调节灯光的照明度和方向，灯罩可以开合，灯座可以转动。灯上有刻铭9处65字，如"阳信家"6处，"长信尚浴"，"今内者卧"以及灯盘容量与灯的有关部分的重量等内容。从刻铭来看系分几次刻成，表明有过不同的主人。

此灯系西汉皇家之物，设计科学，造型优美，宫女姿态自然，衣纹流畅，具有特别重要的历史、艺术和科学价值，定为国家馆藏壹级文物。

134　铜人形吊灯

东汉晚期（公元 147～220 年）

通高 29、长 28 厘米

1974 年在长沙市征集

湖南省博物馆藏

灯由灯盘、储油箱、悬链三部分组成。灯盘为圆形，浅腹，盘心有支钉。储液箱为昂首伏卧的裸体人形，卷发深目高鼻，双手前伸托住灯盘；人体中空，胸、腹、四肢均可储油，前有方形小孔与灯盘相通。人体腰间束带，臀部开有箱门，可以添加灯油，上装反扣，启闭自如。悬链 3 条，系于人的双肩和臀部，链上有圆形盖，盖上立一高冠开屏的凤鸟，作展翅欲飞状。凤鸟上还有钩链，可以悬挂。

此吊灯结构奇特，构思巧妙，经济实用，既是适用的照明用具，又是一件精良的艺术品，具有特别重要的历史和艺术价值，定为国家馆藏壹级文物。

135 铜杀人祭祀贮贝器

西汉（公元前206～25年）

通高21、口径24.5厘米

1955年云南省晋宁县石寨山1号墓出土

云南省博物馆藏

铜鼓形。肩、足各有残损。盖面装饰内容丰富，有人物51，猪、犬各一。中央立一圆柱，柱顶立一虎，柱中二蛇缠绕，两侧各置一鼓。柱右一妇人双臂被反绑于一牌上；柱前一人，左足锁枷；一人跪地，双臂反绑。人均裸体，这三人应是祭祀用的牺牲。柱左一人乘坐四人肩舆，应为主持祭祀的女奴隶主。其他人物形态各异。

此器盖面内容丰富，形象地反映了古滇人的一种祭祀活动的盛大场面，虽有残损，仍具有特别重要的历史和艺术价值，定为国家馆藏壹级文物。

136　铜四牛骑士贮贝器

西汉（公元前206～25年）

通高50、口径25.3厘米

1956年云南省晋宁县石寨山10号墓出土

云南省博物馆藏

器呈束腰筒形。盖上正中有鎏金骑马武士，武士腰间佩剑，马昂首张口扬尾，十分雄健。盖沿饰4头公牛环列，牛角弯长，膘肥体壮。器两侧各饰一立虎为耳，张口露齿。底下有4个矮足。

此贮贝器的造型装饰高低错落，疏密有致，是一件完美的造型艺术佳作，具有特别重要的历史和艺术价值，定为国家馆藏壹级文物。

137 铜五牛盖针线盒

春秋晚期（公元前 571～前 476 年）

高 31.2、口径 18 厘米

1972 年云南省江川县李家山 24 号墓出土

云南省博物馆藏

深腹盒形。盒上部圆形，往下渐收，至底部成圆角方形，平底，四足。盖上饰五牛，盖顶一牛高大健壮，四小牛环列四周。盖面饰蟠虺纹和竹节纹。器身饰云纹、编织纹及栉纹。出土时内装绕线板和线。

此盒造型新颖，民族特色鲜明，存量少，具有特别重要的历史和艺术价值，定为国家馆藏壹级文物。

138　铜立鹿针线筒

战国（公元前 475～前 221 年）

高 27.5 厘米

1972 年云南省江川县李家山 11 号墓出土

云南省博物馆藏

长筒形，盖上饰一昂首雄鹿，形象古朴生动。筒身饰变形蛇纹，蛇身有短线纹。盖、身均有横出双耳，耳有小圆孔，可以穿绳提携。

此器罕见，装饰甚精，民族风格浓郁，具有特别重要的历史和艺术价值，定为国家馆藏壹级文物。

139　铜漆绘提梁铚

西汉早期（公元前 206～前 141 年）

通高 42、口径 14、底径 13 厘米

1976 年广西贵县罗泊湾 1 号墓出土

广西壮族自治区博物馆藏

铚，酒器。此器形似竹筒，有盖，直腹，圈足。近口沿处有一对铺首，上系提梁。器表用彩漆绘画，画面用弦纹为界栏分为四段；第一段画两人观虎犀相斗。第二段分为二组，一组为两人围绕一禽一兽对舞，另一组为一人荷矛牵犬前行，一人跪送。第三段分为三组：一组为人骑兽；二组有三人，一为佩剑持杖老者，另一人佩剑跪迎；三组为高灯左侧一人梳高椎髻，作说话状，另二人在灯右跪坐，为听讲者。第四段分三组：一组为两人相立而揖；二组为二人长跪而揖；三组为一人搏兽。

此铚漆画内容丰富多彩，对研究汉初南越国历史、文化艺术具有特别重要的价值，定为国家馆藏壹级文物。

140 铜错金升平十三年封泥筒

前凉升平十三年（公元 693 年）

通高 11.7、口径 7.9 厘米

1969 年陕西省博物馆征集

陕西历史博物馆藏

子母口直腹平底，下有三蹄足。盖失。筒体饰错金纹 3 组，上为垂幔、海涛纹，中为龙虎纹，下为蔓草及三角纹。器底有错金铭文 47 字，记升平十三年前凉国灵华紫阁用器，凉中作部造，平章殿帅臣范晃督造。筒内装有金泥、青泥、芝泥、紫泥、白泥等封泥。

此泥筒错金纹饰纤细流畅，图像生动活泼，工艺水平很高，特别是它的铭文和内藏多种封泥，为同类器物所罕见，虽然盖已丢失，但仍具有特别重要的历史、艺术价值，定为国家馆藏壹级文物。

141 铜提链炉盘

战国早期（公元前475～前4世纪初）

通高21.2、盘口径39.2厘米

1978年湖北省随县擂鼓墩曾侯乙墓出土

湖北省博物馆藏

炉盘，煎烤食物用具。此器由盘和炉两部分组成。上盘下炉。盘为圆形，直口方唇，浅腹圆底，两侧有环耳，耳上套提链，提纽两端为螭首，盘下有四个兽蹄形足焊接于炉身上。炉为圆形，浅腹，平底，下有三矮足，炉底有大小不一的长方形小孔13个，作为燃炭时的通气孔。出土时盘内有鲫鱼骨，炉内有木炭，昭示了此器的用途。

此炉盘是曾国王室用器，年代准确，保存完整，数量稀少，特别是出土时鱼骨、木炭尚存，对于研究这类器物的用途具有特别重要的历史价值，定为国家馆藏壹级文物。

142 铜鳝鱼黄双耳炉

明·宣德（1426～1435年）

高9.1、口径13.5厘米

故宫博物院藏

炉为烧香用具。该炉造型规整，圆体，侈口，束颈，鼓腹，腹两侧有兽形立耳，三足呈乳状。通体为鳝鱼黄色，光素无纹饰。炉外底正中有3行阳文楷书铭文，为"大明宣德年制"。

此炉冶炼精，配料中有贵重金属，色泽光亮，为宣德炉中之佳品，具有特别重要的历史价值，定为国家馆藏壹级文物。

143　铜鎏金胡文明造炉

明（1368～1644 年）

高 7.3、口径 13.2 厘米

故宫博物院藏

该炉形制仿古代铜簋，圆体、双兽耳、高圈足。口部饰凤纹一周，腹部饰螭龙、双翼龙、兽形龙及海螺等，纹饰上鎏金。炉底嵌阴刻篆书"云间胡文明制"6字。

胡文明是明朝著名的金属制造工匠，以制炉著称当世。该炉在凸起纹饰上再细刻阴纹，其工艺复杂，花纹具有立体效果，兽纹生动，是胡文明制品中的佳作，具有特别重要的艺术价值，定为国家馆藏壹级文物。

144 铜鎏金银竹节熏炉

西汉（公元前206～25年）

通高58、口径9厘米

1981年陕西省兴平县窦马村出土

陕西历史博物馆藏

炉体呈半球形，通体鎏金银。炉体突出鎏银带1周，其上浮雕四条鎏金顾龙，龙身从波涛中腾出攀口沿；鎏银宽带之下有10组三角形，三角之内饰鎏金蟠龙；炉盖透雕多层山峦，其中云雾缭绕，加之金银勾勒，宛如一幅秀丽的山景图。足盘透雕蟠龙纠结，竹节柄纳入龙口，上端歧出3条蟠龙，龙首承盘。炉口外侧有铭文35字，标明为未央宫之物。

此熏炉出土于汉武帝茂陵一个陪葬墓的随葬坑，造型设计巧妙，制作精雕细镂，从铭文得知原是皇宫之物。它代表了西汉时期高超的青铜工艺水平，具有特别重要的历史和艺术价值，定为国家馆藏壹级文物。

145　铜错金银犀牛形带钩

战国晚期（公元前4世纪末～前221年）

高6.5、通长17.5厘米

1954年四川省昭化县宝轮院出土

重庆市博物馆藏

　　扁片形，犀牛鼻端有一弯曲长角，头顶有一短角，前端伸出长S的钩头。矮足三趾。牛体各部用金银错嵌云纹和杏叶纹。

　　此带钩出土于战国晚期墓葬，形象逼真，制作精美、线条流畅，保存完好，堪称带钩中的精品。具有特别重要的艺术价值，定为国家馆藏壹级文物。

146　铜鎏金十猿扣饰

西汉中期（公元前140～前49年）

直径13.5厘米

1956年云南省晋宁县石寨山16号墓出土

云南省博物馆藏

　　圆形，正面微凹，中央镶嵌一红色玛瑙珠，并用朱、黑两色绘八角形光芒，光芒间嵌满绿松石，周边饰10猿，首尾相连，均以右前足攀附前猿左后腿，猿尾置后猿头背上。

　　此扣饰通体鎏金，与玛瑙、绿松石互相辉映，工艺精致，形象生动，极富情趣，数量稀少，具有特别重要的艺术价值，定为国家馆藏壹级文物。

147 铜二豹噬猪扣饰

西汉中期(公元前140～前49年)

高8、长16厘米

1956年云南省晋宁县石寨山

10号墓出土

云南省博物馆藏

扣饰由二豹一猪一蛇组成画面。一豹的前半身扑在猪背上,张开巨口咬噬。另一豹已被狂奔的野猪撞倒,返身扑抓猪头。下沿饰一长蛇,背面有一矩形齿扣。

此扣饰表现了豹猪之间生死搏斗的情况,极为精彩生动,具有特别重要的艺术价值,定为国家馆藏壹级文物。

148 铜二狼噬鹿扣饰

西汉中期(公元前140～前49年)

高12.7、长16.7厘米

1956年云南省晋宁县石寨山

6号墓出土

云南省博物馆藏

扣饰由二狼一鹿一蛇组成。一狼攫于鹿背,咬住鹿的右耳;另一狼窜于鹿腹下,咬住了鹿的右后腿。鹿作张口悲鸣状。一长蛇蟠曲于狼和鹿下,口衔鹿尾。利用狼尾、鹿足、蛇身等将整个扣饰连成一体。背面有一矩形齿扣。

此器各动物的眼、口、尾、爪、肌肉、毛发等刻画细致生动,构图也极巧妙,且出于"滇王"墓中,具有特别重要的历史和艺术价值,定为国家馆藏壹级文物。

149 铜武士捉俘纹带具

西汉（公元前206~25年）

高5~6.8、长10.7厘米

1983年宁夏回族自治区同心县墩子村出土

宁夏回族自治区同心县文物管理所藏

带具整体作透雕片形。内容是一个战斗场面。前边有一株大树，树下有双牲驾车。车上有一立犬，旁有树木；车后有一骑马武士，一手执剑，一手捉住战俘的头发，一犬扑向战俘。

此带具出土于一座匈奴墓中，内容描绘的是匈奴民族的战斗场面，具有特别重要的历史和艺术价值，定为国家馆藏壹级文物。

150 铜鎏金乐舞饰件

西汉中期（公元前140～前49年）'

高9.5、长13厘米

1956年云南省晋宁县石寨山13号墓出土

云南省博物馆藏

近长方形，由乐舞者八人组成。八人分两排，上排四人作歌舞状，左三人双手上举，右一人右手曲举于胸前，左手置膝上。四人均戴冠，垂双带，腕饰圆环，衣襟前饰圆扣，腹前悬圆形牌饰。下排四人为伴奏者，左起一人吹直管葫芦笙，第一、二人间置一大瓮，第二人吹短管状乐器，第三人拍鼓，第四人吹曲管葫芦笙。

此饰件虽小，却形象地反映了以唱为主、伴以舞蹈的古滇族歌舞，具有特别重要的历史和艺术价值，定为国家馆藏壹级文物。

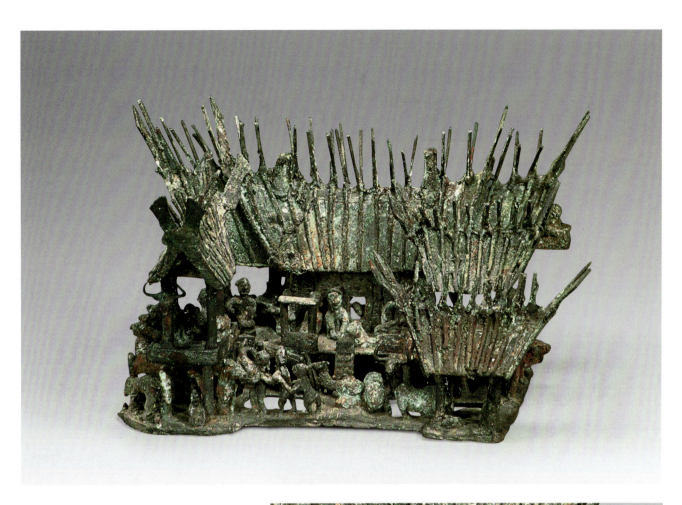

151 铜人物屋宇件

西汉中期（公元前 140～前 49 年）

高 11.2、长 17、宽 10.5 厘米

1956 年云南省晋宁县石寨山 13 号墓出土

云南省博物馆藏

此件表现的是一组干栏式和井干式相结合的礼仪建筑及祭祀活动场面。背面有榫扣。正面有长脊矩檐人字形两面坡屋宇 5 座（其中一座残损）。正中主室为井干式建筑，周围有柱架平台、勾栏与其余四座建筑相连。中庭檐前立一碑，下段刻双行阶梯五级。 主室正中开一牖户，有一女人头，长髻。前堂及其余建筑的平台、 勾栏和前庭，共有人物 28 个，有的踞坐，有的持物，有的宴饮，有的吹奏，有的作舞蹈状，……主室牖户右侧端坐一男一女，左侧设一组，上置牛肩胛骨，俎后坐一人，右手持一笔状物，着于牛肩胛骨正面，案前跪伏一人，面对牛肩胛骨。主室右侧柱后立一对男女正在拥抱，下体裸露。庭前柱间置二牛、二马，另有三猪、一犬、一鼠等散置。

此器虽为饰件，但饰件上的建筑属汉代滇人宗社（明堂）的古老形式，这对研究汉代滇人的社会生活和礼仪具有特别重要的历史和艺术价值，定为国家馆藏壹级文物。

152 铜人物屋宇件

西汉中期（公元前140～前49年）

通高11.5、宽12.5、深7.5厘米

1956年云南省晋宁县石寨山6号墓出土

云南省博物馆藏

此件为干栏式和井干式相结合的悬山式大屋顶建筑。用巨柱构成上下两层平台，平台设有栏干和栏板。台前有一长梯直达屋檐，梯上一蛇，蜿蜒而上。平台后部是井干式房屋，屋壁上刻多道横线，表示由枋木叠砌。正面一窗，见一人头。屋与台面之间形成回廊，回廊里有13人，或做食品，或吹笙，或闲坐，或倚栏而立；在屋前和右侧置铜鼓等物，栏板上置有牛头、猪、牛腿，台下三人正在炊煮食物。

此器形象地再现了当时滇族的生活和建筑的情景，又出土于滇王墓中，内涵丰富，具有特别重要的历史和艺术价值，定为国家馆藏壹级文物。

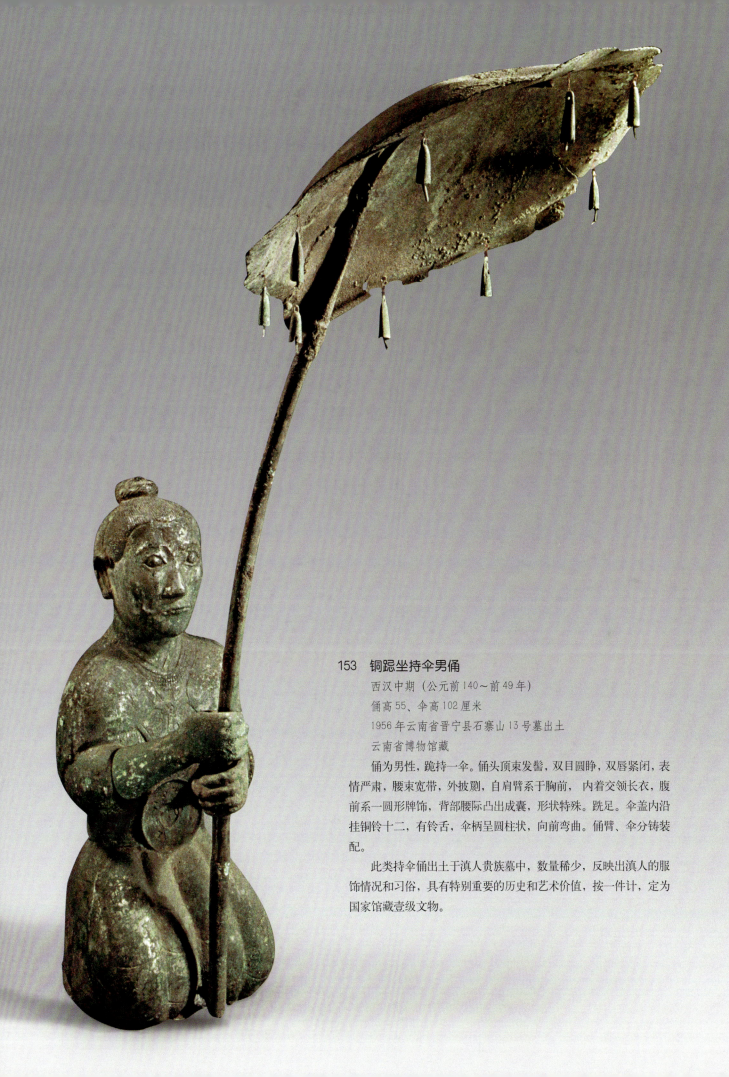

153 铜踞坐持伞男俑

西汉中期（公元前140～前49年）

俑高55、伞高102厘米

1956年云南省晋宁县石寨山13号墓出土

云南省博物馆藏

俑为男性，跪持一伞。俑头顶束发髻，双目圆睁，双唇紧闭，表情严肃，腰束宽带，外披氅，自肩臂系于胸前，内着交领长衣，腹前系一圆形牌饰，背部腰际凸出成囊，形状特殊。跣足。伞盖内沿挂铜铃十二，有铃舌，伞柄呈圆柱状，向前弯曲。俑臂、伞分铸装配。

此类持伞俑出土于滇人贵族墓中，数量稀少，反映出滇人的服饰情况和习俗，具有特别重要的历史和艺术价值，按一件计，定为国家馆藏壹级文物。

154 铜牵马俑

东汉晚期（公元147～220年）

高43.7厘米，重6千克

1976年湖南省衡阳县道子坪1号墓出土

湖南省博物馆藏

体形较矮，头戴平上帻，浓眉大眼，高鼻，须向左右卷曲，髭上卷，耳有环，身着圆领右衽长袍，长袖在手腕处结扎，束腰带，下裳两侧饰叶脉纹，后面开衩，鞋饰有方格纹。右臂曲上举，手指弯曲作牵马状。左手屈于胸前。当是胡人形象。上述铜马即为此俑所牵。

此俑铸造甚精，形态生动，这是江南地区首次发现的铜牵马俑，具有特别重要的历史和艺术价值，定为国家馆藏壹级文物。

155 铜立马

东汉晚期（公元147～220年）

通高51.5、长53厘米，重12.15千克

1976年湖南省衡阳县道子坪1号墓出土

湖南省博物馆藏

马膘肥体壮，张口露齿，昂首阔步，作行进状。头部有辔饰，额中有一角状物，中部打结，高10.3厘米，短尾打结，无鞍镫。与牵马俑同出。

这件铜马铸造甚精，形体较高大，具有特别重要的历史和艺术价值，定为国家馆藏壹级文物。

156　铜马踏飞燕

　　魏晋（公元221～316年）

　　通长45、高34.5厘米

　　1967年甘肃省武威市雷台出土

　　甘肃省博物馆藏

　　马以对侧步奔驰，昂首嘶鸣，长尾飘举，右后足踏在一只回首惊视的飞燕（或名隼）身上。以此表现出马奔驰的速度，独具想象力。

　　此马是魏晋时期雕塑艺术中罕见的珍品，具有特别重要的艺术、历史和科学价值，定为国家馆藏壹级文物。

157　铜动物纹棺

战国早期（公元前475～前4世纪初）

长200、宽62、高82厘米，重257.1千克

1956年云南省祥云大波那出土

云南省博物馆藏

此棺用7块铜板经铆接而成。长方形。盖用两块铜板，呈屋脊形，上饰云雷纹。两侧壁板饰云雷纹。头、足挡板满饰鹰、燕、虎、豹、猪、鹿、水鸟、蜥蜴等动物纹，造型古朴，生动有趣。

此棺形体巨大，铸造需要相当规模的冶铸铜器的作坊和较高的冶铸技术。纹饰丰富，民族特色鲜明，保存完整，存量极少。具有特别重要的历史、艺术价值，定为国家馆藏壹级文物。

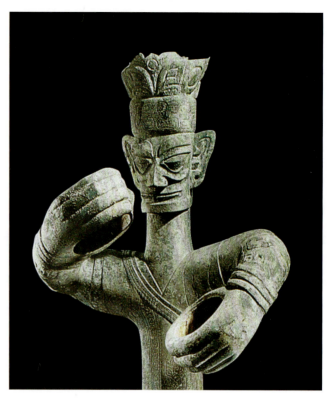

158 铜立人像

商代后期（公元前 1300～前 1046 年）

通高 262、人像高 172 厘米

1986 年四川省广汉市三星堆二号祭祀坑出土

三星堆博物馆藏

铜像形体高大，站立方座之上，巨目直鼻，方颐大耳，头戴高冠，身着三层华衣，赤足。外衣上饰四组龙纹；中衣为尖摆长衣，内着过膝长衣，均饰兽面纹，周边饰云雷纹。

此像是我国目前发现最早的蜀人形象。其造型独特，装饰华美，保存完整，是商代青铜器造型艺术的杰作，对于研究古代蜀国的历史和商代晚期雕塑艺术都具有特别重要的价值，定为国家馆藏壹级文物。

159 铜贴金人头像

商代后期（公元前1300～前1046年）

通高41、宽14.3厘米

1986年四川省广汉市三星堆二号祭祀坑出土

三星堆博物馆藏

　　头像平顶方颐，长耳蒜鼻，阔口紧闭，头发向后梳理，发辫上端束扎，垂于脑后，颈下作三角形。面部贴金箔，露出眉、眼。以土漆和石灰调合做黏接剂黏接。

　　此造像出土于商代晚期的祭祀坑中，有鲜明的地方特色，对于研究古代蜀国的历史和雕塑艺术具有特别重要的价值，定为国家馆藏壹级文物。

160　铜突目面具

商代后期（公元前1300～前1046年）

通高65、宽138厘米

1986年四川省广汉市三星堆二号祭祀坑出土

三星堆博物馆藏

长方形，阔口方颐，鹰钩鼻，长耳向上斜伸，眼球突出成圆柱状，直径达16.5厘米。额部和耳前上下各有方穿，当为安装用的榫孔。

此面具出土于三星堆祭祀坑中，属于祭祀对象的面具，造型颇具特色，与传说中蜀人纵目有关。此面具出土地点明确，保存很好，对于研究古代蜀国的历史和雕塑艺术具有特别重要的价值，定为国家馆藏壹级文物。

161　铜双面神人头像

　　商代后期（公元前1300～前1046年）

　　通高53、錾长8.5、面宽14.5～22厘米

　　江西省新干县大洲州出土

　　江西省博物馆藏

　　此器为扁平形双面人首，中空，脸部上宽下狭，两面均有中空的圆突目，竖耳大鼻，张口露齿，下颌两獠牙外卷，头顶正中有圆管，原应有插饰，两侧各伸出一角，角端外卷，饰阴线卷云纹。下有方銎，可插在其他物件之上。此神人形象狰狞，应为当地人崇拜的一种偶像。用分铸法铸成。

　　此青铜神人头像造型夸张，是研究南方吴城文化的重要资料。该物出土地明确，年代清楚，文化属性可靠，具有特别重要的历史价值，定为国家馆藏壹级文物。

162　铜鎏金麒麟

东汉（公元 25～220 年）

通高 8.6、长 6.7 厘米

河南省偃师县寇店出土

河南博物院藏

兽头额上有一独角，角端呈球状，昂首，四肢直立作静止状态。兽形似鹿而只有独角，当是麒麟形象，在古代麒麟被视为灵兽。

该麒麟造形奇特罕见，又通体鎏金，具有特别重要的历史价值，定为国家馆藏壹级文物。

163　铜伏鸟双尾虎

商代后期（公元前1300～前1046年）

通长53.5、通高25.5、体宽13厘米

江西省新干县大洋洲出土

江西省博物馆藏

腹内中空，底部不联。张口，獠牙突出。粗颈，垂腹，背后垂双尾，尾端上卷，背伏一鸟。虎身遍饰花纹，脊背、四肢下截和鼻部饰类鳞片纹，其余饰卷云纹或云雷纹，四肢上部作粗线条的雷纹，以增强肌肉的力度。所有纹饰均作阴线。虎作伏卧欲纵的姿态。

这件专为崇拜铸造的艺术珍品具有特别重要的历史、艺术价值，定为国家馆藏壹级文物。

164　铜鎏金玄武像

明（1368～1644 年）

通高 47、长 63、宽 44.5 厘米，重 73.8 千克

原置湖北省均县武当山

湖北省博物馆藏

　　玄武为龟蛇合体，红铜铸造，鎏金。龟首反顾，蛇蟠于龟身，尾部相缠，蛇首竖于龟背前身，与龟首相对，甚为形象生动。

　　武当山为道家圣地，明永乐年间在修武当山金殿时，同时铸有大量鎏金铜像，该玄武即铸于此时。如此精美的鎏金铜铸玄武像少见，具有特别重要的历史和艺术价值，定为国家馆藏壹级文物。

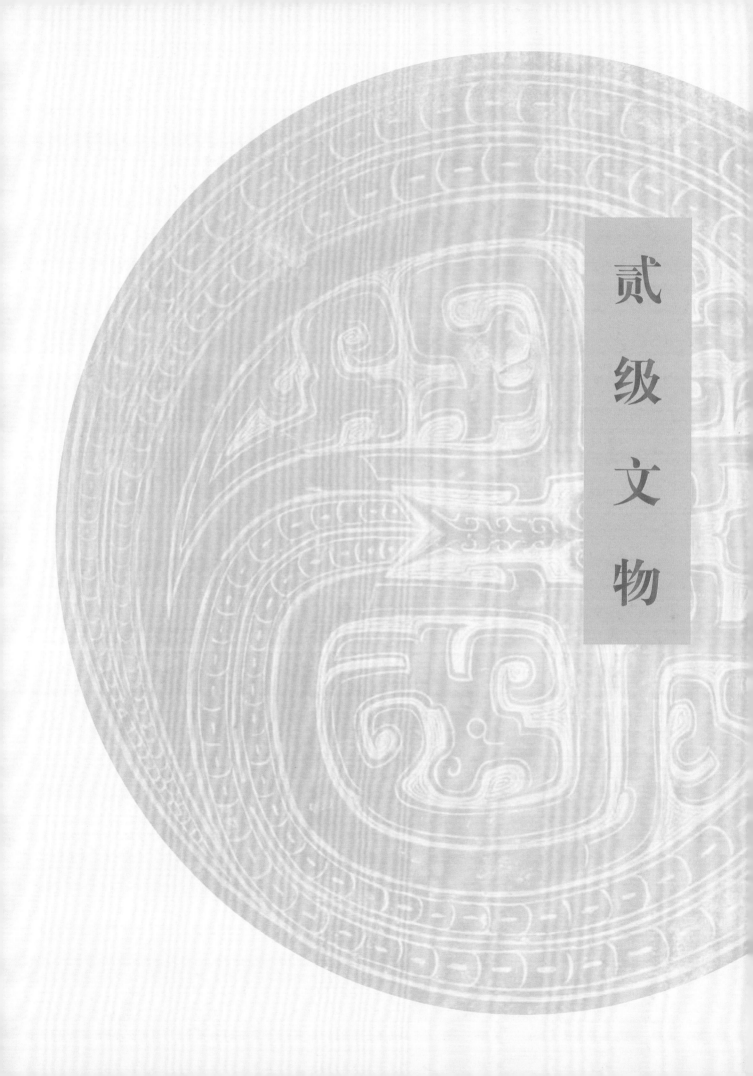

贰

级

文

物

165　铜兽面纹鼎

　　商代前期（公元前1600～前1300年）

　　通高48、口径38.8厘米

　　1974年湖北省黄陂县盘龙城李家咀2号墓出土

　　湖北省博物馆藏

　　直口，折沿，深腹，圆底。双立耳，耳做成双曲槽形。三锥形足，中空，与腹相通。胎壁甚薄，仅在靠口部处装饰简单的夔龙纹，无地纹，具有商代前期铜器的特征。

　　此鼎时代早，纹饰简单，具有重要的历史价值，定为国家馆藏贰级文物。

166　铜兽面纹分裆鼎

　　商代后期（公元前1300～前1046年）

　　通高18.2、口径14.6厘米

　　1963年湖南省宁乡县黄材水塘湾出土

　　湖南省博物馆藏

　　圆形，竖耳，折沿，分裆，柱足。口部不甚圆。腹部饰三组兽面纹，辅以夔龙纹，以云雷纹为地纹。鼎内近口沿处铸"己[父]"2字铭文。

　　此鼎造型、纹饰、铭文风格，均与中原商器相同，应是由中原传入江南的器物或根据中原风格的铸器，具有重要的历史和艺术价值，定为国家馆藏贰级文物。

167　铜息鼎

　　商代后期（公元前1300～前1046年）

　　通高21.7、口径17.5厘米

　　河南省罗山县后李村出土

　　河南博物院藏

　　分档，直口，斜折沿，直耳立于沿上，鼓腹，下有三柱足，腹饰兽面纹，两侧各侧立一夔纹。主纹及云雷纹地纹的阴线部分均填以黑漆，这一工艺较罕见。腹内壁有"息"字铭文，为族徽。该鼎具有重要的历史和艺术价值，定为国家馆藏贰级文物。

168　铜蝉纹鼎

　　西周早期（公元前1046～前977年）

　　通高26、口径22厘米

　　1958年陕西省宝鸡市桑园堡出土

　　陕西历史博物馆藏

　　立耳，圆腹，柱足粗壮，口微敛，口沿外折。口下饰圆涡纹，间以卷尾夔龙纹，腹饰云雷纹填地的蝉纹。

　　此鼎出土于西周早期的墓葬，保存完好，且具有重要的艺术和历史价值，定为国家馆藏贰级文物。

169　铜才傻父鼎

西周中期（公元前976～前886年）

高22、宽19.8厘米

故宫博物院藏

圆体，双立耳，垂腹，三柱足。腹内壁有"才傻父作尊彝"6字铭文。颈部饰细云纹为地的长尾鸟纹1周，鸟纹两两相对。

此鼎具有明显的西周特点，纹饰生动，具有重要的历史和艺术价值，定为国家馆藏贰级文物。

170　铜变形龙纹涡纹鼎

春秋早期（公元前770～前677年）

通高19.2、口径16.6、腹径15.5厘米

1978年湖南省资兴市旧市276号墓出土

湖南省博物馆藏

侈口，束颈，垂腹，圜底近平，口沿上立双方形耳，下有蹄足，足上部内空。耳内侧饰变形龙纹和蛇纹。腹部饰纹3周，上下为曲折纹，中间相间排列变形龙纹和涡纹各9组。腹和底部有3道合范痕。

这是春秋早期的典型越式鼎，且出土于墓葬，存量不多，具有重要的历史和艺术价值，定为国家馆藏贰级文物。

171　铜兽首鼎

春秋中期（公元前676～前572年）

高27.7、口径19.8厘米

安徽省舒城县凤凰嘴出土

安徽省寿县博物馆藏

曲口，附耳，有盖，腹下部外鼓，三蹄足两前一后，鼎（或称为尊）前部伸出一兽首，头上双角直立，圆眼突起，兽首内空面与鼎腹联接，兽嘴无孔。鼎腹后部有脊棱充作兽尾。盖面有环纽，盖、颈和腹部饰变形兽纹，作卷曲状。腹前两侧有涡纹，为兽的两翼。耳饰凹窝纹。

此鼎乃群舒诸国遗物，具有重要的历史和艺术价值，定为国家馆藏贰级文物。

172　铜兽首耳鸟纽盖鼎

　　春秋中期（公元前 676～前 572 年）

　　高 27.1、口径 13.9 厘米

　　安徽省铜陵市车站出土

　　安徽省博物馆藏

　　平盘盖，鼓腹，圜底。腹侧各有一兽首环耳，腹置扉棱，三蹄足。盖铸立鸟状纽。腹饰蟠虺纹、三角纹和凸弦纹。纹饰细腻，以立鸟为纽，新颖别致。

　　此鼎平盖扁圆形腹，在盖顶，装饰立雕的鸟颇具地区特色，为吴越青铜器的特点之一，具有重要的历史和艺术价值，定为国家馆藏贰级文物。

173　铜变形龙纹鼎

　　春秋晚期（公元前 571～前 476 年）

　　高 12.2、口径 14.1 厘米

　　安徽省屯溪市奕棋出土

　　安徽省博物馆藏

　　口沿立双耳，浅腹，圜底，三圆锥状足外撇。腹饰变形龙纹，龙回首，卷尾，龙吻部、角部及尾部，均为分枝的卷云状。腹部变形龙纹带下有一周联珠纹。这种三足外撇的鼎，习称"越式鼎"。

　　此鼎地区特征明显，花纹与形制精巧，具有重要历史和艺术价值，定为国家馆藏贰级文物。

174 铜蟠虺纹鼎

春秋（公元前 770～前 476 年）

通高 41、腹径 36.6、足高 16.4 厘米

1978 年河南省淅川县下寺三号墓出土

河南省淅川县博物馆藏

鼎有盖，盖顶微鼓，上有八柱环形捉手。口沿有方形附耳，鼓腹圜底，下有三兽首蹄足，通体饰细密的蟠虺纹。此鼎制作精美，纹饰细密繁缛，出土地点明确，具有重要的历史、艺术价值，定为国家馆藏贰级文物。

175 铜卷云纹填漆鼎

春秋（公元前 770～前 476 年）

高 36、口径 32 厘米

1990 年河南省淅川县和尚岭出土

河南省文物考古研究所藏

鼎有盖，呈覆盘形，3 个扁环纽。鼎口微敛，方形附耳，半球形腹，下有三蹄足。盖和腹部饰卷云纹并填漆，较为少见，造型端庄，制作精美，出土地点明确，具有重要的历史、艺术价值，定为国家馆藏贰级文物。

176 铜蟠螭纹盖鼎

战国早期（公元前475～前4世纪初）

通高40、口径32厘米

河南省辉县琉璃阁出土

河南博物院藏

敛口，深腹，下收成圆底，三蹄足。口沿外有一对方形附耳，腹壁有三环纽，可与盖上三环纽对应，便于以绳相结，使器、盖一体。圆拱形盖，盖顶及腹部各饰2周蟠螭纹。

此鼎造型巧妙，盖与器各以三环作装饰，便于以绳连接在一起。鼎体较大，花纹细致，具有重要的艺术价值，定为国家馆藏贰级文物。

177 铜人形足鼎

战国（公元前475～前221年）

通高14、口径25.2厘米

1967年甘肃省秦安县陇城出土

甘肃省博物馆藏

造型似盆，薄壁平底。腹饰3道弦纹，两侧有一对小环耳。三足作人形负鼎状。

此鼎造型与中原文化有较大的区别，具有北方民族特征，如鼎足的人像高鼻隆目，双手叉腰，两臂及胸腹肌肉突凸，健壮有力，颇富艺术特色，具有重要的历史价值，定为国家馆藏贰级文物。

178 铜铁足右圣尹鼎

战国（公元前 475～前 221 年）

通高 28.5、口径 26.2、足高 18 厘米

湖南省长沙市近郊出土

湖南省博物馆藏

盖隆起，盖面饰 3 只小卧兽为纽，饰凸弦纹一道。子母口，双立耳，腹较浅，圜底。腹饰凸弦纹一道。3 只高蹄足用铁铸成，足根部有兽面。铜身与铁足接合严密，说明楚人已熟练地掌握了铜铁合铸和焊接技术。盖内、腹内和底内各刻有"右圣尹" 3 字铭文，笔划极细。

铁足铜鼎从战国中期后段开始在楚地流行。该鼎保存良好，且刻有铭文，虽为常见的素面鼎，仍具有重要的历史和科学价值，定为国家馆藏贰级文物。

179 铜云雷纹鬲

商（公元前 1600～前 1046 年）

高 18.5、口径 14 厘米

1974 年河南省新郑市望京楼出土

河南省新郑市博物馆藏

口微敛，口沿外折，上有一对半环形耳，深鼓腹，分裆，三空锥足。颈饰云雷纹，上下界以联珠纹。此鬲出土地点明确，保存完好，造型别致。具有重要的历史、艺术价值，定为国家馆藏贰级文物。

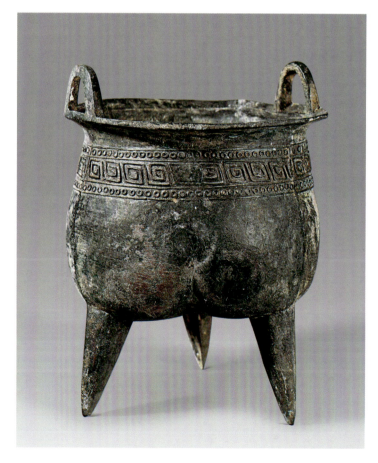

180 铜人字纹鬲

商代前期（公元前1600～前1300年）

通高34.5、口径22厘米

河南省郑州市张寨南街出土

河南博物院藏

敛口、斜沿，半圆形立耳一对，腹微鼓，分档，锥状实足。上腹饰凸弦纹3道，腹下部顺袋足斜向有平行的2道人字纹，共有3组人字纹。

这种商式分档袋足鬲，在分期上为标准器形，纹饰虽简约，但与造型和谐相配，具有重要的历史价值，定为国家馆藏贰级文物。

181 铜云雷纹鬲

商代后期（公元前1300～前1046年）

通高21.2、口径15.2厘米

1972年陕西省岐山县京当村出土

陕西省岐山县博物馆藏

敛口折沿，分档袋足，锥状实足尖。口沿上有一对纽索状立耳。颈部饰云雷纹，上下界以联珠纹。腹、档饰双线人字纹。

此鬲有准确的出土地点，保存完好，造型别致，且存量较少，对研究商周时期的历史有重要的价值，定为国家馆藏贰级文物。

182 铜三羊纹鬲

商代后期（公元前1300～前1046年）

通高22.8、口径14.7厘米

1958年征集

湖南省博物馆藏

口折沿，分裆，柱足。口沿上竖双耳（一耳经修复）。颈部饰一圈三角云纹，腹饰三羊首，羊口各衔一足。云雷纹为地。

此鬲造型别致，纹饰精良，数量较少，具有重要的历史和艺术价值，定为国家馆藏贰级文物。

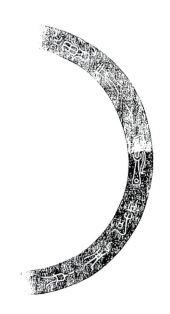

183　铜曾侯乙鬲

战国早期（公元前 475～前 4 世纪初）

高 12.9、口径 15.25 厘米

1978 年湖北省随县擂鼓墩曾侯乙墓出土

湖北省博物馆藏

敛口、方唇，宽沿外折，弧裆，3 款足。腹有三条扉棱与三足对应，腹部镶嵌凤鸟纹和云纹，凤鸟高冠长尾，甚为生动。鬲口沿有铭文"曾侯乙作持用终"7 字，同墓共出同类鬲 9 件。

战国时期铜鬲已较少见，此鬲铸制较精，年代准确，与匕同出土于曾侯墓，具有重要的历史和艺术价值，定为国家馆藏贰级文物。

184　铜兽面纹甗

商代后期（公元前1300～前1046年）

高45.5、宽28厘米

故宫博物院藏

此甗为甑、鬲连体，深腹，口上有双立耳，口沿下饰由云雷纹组成的兽面纹，三足上部各饰一兽首。

此甗造型端庄，纹饰清晰，具有重要的艺术价值，定为国家馆藏贰级文物。

185　铜戈甗

　　西周早期（公元前1046～前977年）

　　通高44.3、口径28厘米

　　陕西省岐山县贺家村出土

　　陕西历史博物馆藏

　　鬲、甑连体，侈口束腰，中腰有箅。有双立耳，其下饰仅具鼻梁和双目构成的简化兽面纹；鬲部浮雕兽目和兽耳，与鬲足正好组成象首形。腹内壁铸一"戈"字，系族氏文字。

　　此甗是西周早期戈族人铸造的器物，虽然装饰简单，但有氏族徽号，具有重要的历史价值，定为国家馆藏贰级文物。

186　铜师趫方甗

　　西周（公元前1046～前771年）

　　高32.3、口长19.5、宽23厘米

　　1948年河南省洛阳市马坡村出土

　　河南省洛阳市博物馆藏

　　甑、鬲分铸，合成一体。甑为长方体，侈口，直腹，平底，两侧有对称兽耳。颈饰弦纹两周，底内有5个十字形箅孔，下有圈足状榫圈。鬲为凹槽形口，与甑底榫圈套合，短颈，鼓腹，肩有对称立耳，分裆，下有四柱足，颈部有弦纹1周。甑内壁有铭文两行6字："师趫作旅甗尊"。

　　此甗造型端庄，保存完好，具有重要的历史、艺术价值，上、下按一件计，定为国家馆藏贰级文物。

187 铜弦纹釜甑

东汉 (公元25～220年)

釜高22、口径25厘米，甑高22、口径29.2厘米

1964年云南省大关岔河崖墓出土

云南省博物馆藏

釜外折沿，小口，鼓腹，圜底。双环耳。腹饰凸弦纹2道。甑为外折沿，敛口，深腹，底有网状箅孔，矮圈足。腹下有双鼻。腹上部饰凸弦纹2道。

此器保存完整，较为少见，出土地点明确，具有重要的历史价值，上下以一件计，定为国家馆藏贰级文物。

188　铜乳丁雷纹簋

商代后期（公元前1300～前1046年）

通高16.5、口径26.3厘米

1980年陕西省城固县龙头镇出土

陕西省城固县文化馆藏

敛口折沿，腹部微鼓，圈足较高，口沿和颈的结合处有一对兽头小耳。颈饰弦纹和目雷纹，腹饰斜方格雷纹，间以乳丁。圈足有十字镂孔。

此簋出土于商代晚期铜器窖藏，保存完好，造型与纹饰均有一定特色，具有重要的艺术价值，定为国家馆藏贰级文物。

189 铜白簋

西周早期（公元前 1046～前 977 年）

高 14.5、口径 18.5 厘米

河南省鹤壁市庞村出土

河南博物院藏

　　侈口，鼓腹，兽首双耳，耳下有珥，圈足。颈部饰一周夔龙纹和涡纹，腹部饰直棱纹，圈足饰夔龙纹。内底有"白（伯）作宝彝"4 字铭文。具有重要的历史价值，定为国家馆藏贰级文物。

190 铜云纹簋

西周（公元前 1046～前 771 年）

高 9.9、口径 18.2 厘米

浙江省长兴县上草楼出土

浙江省博物馆藏

　　折沿，束颈，浅腹，腹上部圆鼓，圈足较高，肩上有 4 个兽首形系环。口沿饰勾连云纹，腹饰浅浮雕式的 C 形云纹，器表阴刻细线勾连云纹，圈足饰勾连云纹。内底饰一个背有涡纹的大龟纹。

　　此簋形制独特，制作精妙而罕见，吴越地方特色明显，具有重要的历史和艺术价值，定为国家馆藏贰级文物。

191　铜大德乙巳年簋

元·大德乙巳年（1305 年）

通高 20、口径 13.4 厘米

湖南省博物馆藏

圆体，由盖、器身、圈足三部分组成。盖隆起，盖上有半球面形镂子纽。器身作半球形，腹很浅，形似假腹豆，下有镂空高圈足。盖、腹各饰6个乳丁，乳丁间饰雷纹，圈足上满饰镂孔云纹。器内铸有篆体阴文铭文"大元大德乙巳年"等36字。

此簋为元代仿古成套祭器之一，年代明确，是研究元代仿古铜器的可靠参考资料，具有重要的历史价值，定为国家馆藏贰级文物。

192　铜重环纹盨

西周晚期（公元前885～前771年）

通高18.9、口径21厘米

陕西省扶风县云塘村出土

陕西省宝鸡市周原博物馆藏

椭方形，兽首双耳，圈足前后有缺口，盖上的扉作透雕成卷曲状龙纹。盖沿及器口沿下饰大小相间的重环纹，盖上及器腹铸饰瓦纹，圈足饰S状云纹。

此盨出土于西周窖藏，出土地点明确，保存完好，具有重要的历史和艺术价值，定为国家馆藏贰级文物。

193　铜大德乙巳年盉

元·大德乙巳年（1305年）

通高16、口长23.4、口宽17.4厘米

湖南省博物馆藏

椭圆形，盖、身形制相同，盖、底各有4只扁足。盖、身均饰仿古窃曲纹，但其粗糙而简化。盖上、底外均铸有篆体阴文铭文"大元大德乙巳年"等36字。

此盉系成套仿古祭器中的一件，与大德乙巳年铜簋一起发现，年代明确，对于研究元代仿古铜器提供了实物标本，具有重要的历史价值，定为国家馆藏贰级文物。

194　铜虺纹簠

春秋晚期（公元前 571～前 476 年）

高 25.5、口长 30.1、口宽 23.3 厘米

1959 年湖南省益阳市近郊出土

湖南省博物馆藏

长方形。盖、身相同，均有矩形四足，饰细小的蟠虺纹。为典型的春秋晚期楚器。

此簠出于湘中地区益阳市郊一座楚墓，说明春秋晚期楚人已进入到湘中地区，具有重要的历史和艺术价值，定为国家馆藏贰级文物。

195　铜蟠螭纹敦

战国早期（公元前475～前4世纪初）

通高18、口径17.5厘米

河南省辉县琉璃阁出土

河南博物院藏

扁球形，盖为覆钵形，较器身浅，上有三圆环。器直口，腹下弧收，圜底，腹侧有二环耳，腹下有三矮蹄足。盖与腹均饰以蟠螭纹。

此敦出自大墓，为战国贵族所用盛食器，盖可倒置为碗。有明确出土地点，造型与纹饰精致，具有重要的历史和艺术价值，定为国家馆藏贰级文物。

196　铜轨敦

　　战国晚期（公元前 4 世纪末～前 221 年）

　　高 17.8、22.4 厘米

　　1951 年河南省洛阳市出土

　　故宫博物院藏

　　圆体，有盖，铺首，双环耳，三矮蹄形足。盖顶有半环纽上套一活环，盖肩饰三卧兽，盖与器均饰以粟纹衬地的勾连雷纹。盖、器各有一小篆书铭文"轨"字。

　　战国秦器传世品较少，且有小篆铭文，具有重要的历史价值，定为国家馆藏贰级文物。

197 铜镶嵌勾连云纹豆

战国早期（公元前475～前4世纪初）

高27.5厘米

山东省长清县岗辛出土

山东省考古研究所藏

盘呈钵形，豆柄较高，柄上粗下细，下有圆形座。盖呈覆钵形，倒置后为一浅盘豆。通体饰勾连云纹，纹嵌金丝，地镶嵌绿松石，纹饰精美，镶嵌细致。

此豆为战国时期少见的工艺精品，具有重要的艺术价值，定为国家馆藏贰级文物。

198 铜鎏金骑射图杯

唐（公元618～907年）

高7.4、口径5.9厘米

故宫博物院藏

圆体、侈口、深腹、喇叭状圈足。颈部饰象纹，腹部饰林木，有三人骑马作张弓欲射状，另有一人骑马扬鞭，一犬紧随其后，构成一幅狩猎图。通体鎏金。具有重要的艺术价值，定为国家馆藏贰级文物。

199 铜兽面纹单柱爵

商代后期（公元前1300～前1046年）

通高17、流至尾长13厘米

1981年陕西省城固县龙头镇出土

陕西省城固县文化馆藏

窄长流，短尖尾，腹部微鼓，三棱锥足外撇，流口之间有一个蘑菇状柱。腹部饰单线兽面纹带，上下饰以联珠纹。

此爵出土于商代青铜器窖藏，地点明确，保存完好。单柱爵较少见。此爵对于研究陕南地区商代后期的文化面貌，具有重要的历史价值，定为国家馆藏贰级文物。

200 铜父乙爵

商代后期（公元前1300～前1046年）

通高17厘米

1953年湖南省衡阳市蒋家山4号东汉墓出土

湖南省博物馆藏

前有流，后有尾，口前立蘑菇状双柱，深腹，圜底，下有三棱形三足。腹饰兽面纹。鋬内铸"朋"字，左柱外侧铸铭文"父乙"2字。

此爵的形制、纹饰、铭文，在商代后期均较常见，特别之处在于出土在东汉早期的砖室墓中，而今第二次被发现，具有重要的历史价值，定为国家馆藏贰级文物。

201　铜兽面纹大爵

　　商代后期（公元前1300～前1046年）

　　通高33厘米

　　1955年湖南省湘乡市出土

　　湖南省博物馆藏

　　呈浅绿色。口前有流，后有尾，口上有两个蘑菇形柱，深腹，圜底，一侧有半圆形鋬，下有3只三棱形尖足。腹饰兽面纹。

　　爵是商周时期最常见的酒器之一。就形体而言，此爵是最大的铜爵之一，且出土于江南，虽经修复，仍具有重要的历史和艺术价值，定为国家馆藏贰级文物。

202　铜兽面纹斝

　　商代前期（公元前1600～前1300年）

　　高27.5、宽21.7厘米

　　故宫博物院藏

　　圆体，敞口，口沿上立二蘑菇状柱，有鋬，平底，下有三棱形尖足。斝身上下饰云雷纹组成的兽面纹，无地纹。

　　此斝造型完整、纹饰精晰，具有重要的历史和艺术价值，定为国家馆藏贰级文物。

203 铜目云纹斝

商代后期（公元前1300～前1046年）

通高23.4、口径16厘米

陕西省西安市南郊老牛坡出土

陕西历史博物馆藏

敞口平底，直腹束颈，口沿上有一对蘑菇状方柱，三棱锥足外撇，腹一侧有扁条鋬。颈及腹均饰目云纹，上下配以联珠纹；柱盖饰阴线云纹。

此斝保存完好，且出土于商代后期遗址，说明在商代晚期商人的势力范围已达到了陕西关中地区。该斝对于研究商周关系很有意义，具有重要的历史价值，定为国家馆藏贰级文物。

204 铜云纹觯

西周早期（公元前1046～前977年）

高17、口径8厘米

1953年湖南省衡阳市蒋家山4号东汉墓出土

湖南省博物馆藏

侈口，深腹，圈足。颈有一圈云纹。

此觯为商周时期较常见的饮酒器。与父己斝同出于东汉早期砖室墓中，说明它们在东汉时期就已出土，是被墓主人生前爱好并收藏的"古董"，具有重要的历史价值，定为国家馆藏贰级文物。

205 铜鸟纹四足盉

西周中期（公元前976～前886年）

通高19.4、口径11.4厘米

陕西省扶风县齐家村出土

陕西省宝鸡市周原博物馆藏

侈口束颈，体呈椭方形，四柱足。腹部束凹线区分为四等分，裆部相连，底近平，前有管状流，后有兽首鋬。器圆凸，顶有半环形纽。盖沿及器颈饰长尾鸟纹。

此盉与一件长尾鸟纹圈足盘同出于齐家村19号周墓中，出土时放置在盘中，是西周中期盘、盉配套的盥洗用具的典型实例，具有重要的历史价值，定为国家馆藏贰级文物。

206 铜兽鋬四足盉

西周（公元前1046～前771年）

高23.5、宽18.8厘米

故宫博物院藏

圆体、侈口、束颈、大腹，前有流，后有兽形鋬，腹下四足，盖上一环纽，纽上有系链与兽形鋬相连。盖与器颈各饰弦纹2道。具有重要的历史价值，定为国家馆藏贰级文物。

207　铜牛首兽面纹尊

商代前期（公元前 1600～前 1300 年）

高 24.6、口径 22.8 厘米

河南省郑州市北二七路出土

河南博物院藏

喇叭形口，折肩作斜坡形，腹部斜收成平底，下附高圈足。肩和腹部有扉棱 3 条。圈足上有镂孔。肩上有 3 个半浮雕的牛首，肩与圈足饰夔龙纹，腹饰兽面纹，未施地纹。

商人喜欢饮酒，并用酒祭祀祖先，牛也是祭牲。这件牛首尊所创造的风格，为商代后期三羊尊、四羊尊等著名铜器所承袭。具有重要的历史和艺术价值，定为国家馆藏贰级文物。

208　铜兽面纹尊

西周早期（公元前1046～前977年）

通高30.3、口径23.8厘米

陕西省陇县曹家湾出土

陕西省宝鸡青铜器博物馆藏

此尊为三段式筒状，颈下有四组扉棱，显得稳重大方。喇叭状口外侧饰由一对夔龙组成的仰叶纹，颈饰虎耳卷尾夔龙，腹饰内卷角兽面纹，圈足的兽面则是由两只外卷角夔龙组成。通体以纤细的云雷纹填地。

此尊出土于西周早期墓葬中，纹饰神秘谲奇，精雕细刻，具有重要的历史和艺术价值，定为国家馆藏贰级文物。

209　铜龙耳尊

春秋晚期（公元前571～前476年）

高33.2、口径27.6厘米

安徽省南陵县录岭团结村出土

安徽省南陵县文物管理所藏

侈口，束颈，宽肩，腹下内收，平底圈足。肩部两侧饰1对大龙形耳，龙头扭向外，生双短角，张口。身饰鳞纹、S形纹和V形纹，长尾上卷。尊肩饰变形卷云纹，腹饰瓦棱纹，圈足饰雷纹。

此尊的形制仿自中原的大口尊，加上形体夸张的双龙耳，成为具有地方特色的盛酒器。这种式样的龙耳尊出土于安徽青阳、南陵一带，他地并不多见。具有重要的历史和艺术价值，定为国家馆藏贰级文物。

210　铜棘刺纹尊

春秋（公元前 770～前 476 年）

高 17.5、口径 21.2 厘米

江苏省丹阳县司徒窖藏出土

江苏省镇江博物馆藏

侈口，高颈，扁圆鼓腹，高圈足。颈下部和圈足上部均饰以变形夔纹，腹部饰以蟠虺纹并伸出细密的棘刺，花纹带上下各有锯齿纹为界框。

此尊器壁较薄，所饰纹饰为复杂繁缛的蟠虺纹或交连纹，并已出现小的棘刺纹，对研究吴国青铜器纹饰的演变和发展，提供了重要的标本，具有重要的历史、艺术和科学价值，定为国家馆藏贰级文物。

211　铜夔龙纹卣

西周早期（公元前 1046～前 977 年）

通高 33、口径 13 厘米

陕西省岐山县贺家村出土

陕西历史博物馆藏

椭圆形，直口鼓腹，圈足下沿有加厚的裙边，提梁做成绳索状，盖与口子母扣合，盖纽作花苞状。盖沿、肩部及圈足均饰卷尾夔龙纹带，肩部前后各浮雕一牺首，将夔纹隔开，盖的立壁饰三角纹。

此卣出土于西周早期墓葬，造型大方朴素，保存完好，具有重要的艺术和历史价值，定为国家馆藏贰级文物。

212　铜兽面纹卣

商代后期（公元前1300～前1046年）

通高47.5、口径11.8厘米

1956年湖南省石门县出土

湖南省博物馆藏

卣直口，长颈，垂腹，圈足（原圈足已失，此为后配）。器身断面为椭圆形。盖隆起，上有4道扉棱。提梁扁平，正中有棱脊，两端有龙首。肩腹部上下纵列兽面纹，两侧有夔龙纹。提梁下腹两侧各饰小鸟3只，甚为奇特。云雷纹为地纹。

此卣颜色黑亮，纹饰精丽，铸造优良，是商代青铜礼器中的精品，虽残破修复，仍具有重要的历史和艺术价值，定为国家馆藏贰级文物。

213　铜癸卣

商代后期（公元前 1300～前 1046 年）

通高 25.9、口径 12.5～15 厘米

1963 年湖南省宁乡县黄材炭河里河床出土

湖南省博物馆藏

敛口，直唇，鼓腹，圈足。断面呈椭圆形。盖、腹、圈足上均有 4 道扉棱，颈部两侧有一对兽首形耳，提梁已失。全身以云雷纹为地纹，主纹为兽面，主纹上加饰云纹。颈、圈足上饰夔龙 8 条。盖顶有菌状纽，边缘饰三角形纹。盖和底内均铸"癸兄"铭文。出土时卣内贮满玉珠、玉管 1100 余颗。

此卣形制、纹饰和铭文，均属中原商代作风，在江南出土有特殊意义。虽提梁后配，仍具有重要的历史和艺术价值，定为国家馆藏贰级文物。

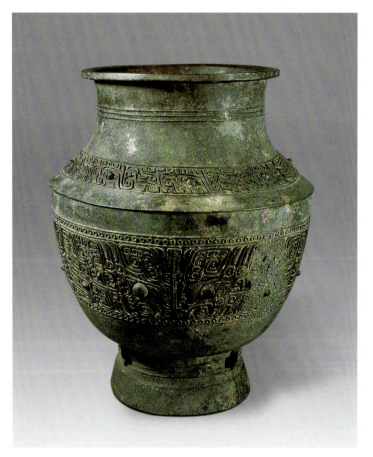

214　铜兽面纹罍

商代后期（公元前 1300～前 1046 年）

通高 38、口径 23 厘米

1980 年陕西省城固县龙头镇出土

陕西省城固县文化馆藏

长颈，折肩，深腹，高圈足。颈及圈足饰弦纹，肩饰夔纹，腹部以联珠纹为框，中间饰内卷角兽面纹。圈足上有 3 个十字孔。

此罍出土于商代后期青铜器窖藏内，具有地方特色，时代明确，保存完好，对于研究商代后期陕南地区的方国部族有重要的价值，定为国家馆藏贰级文物。

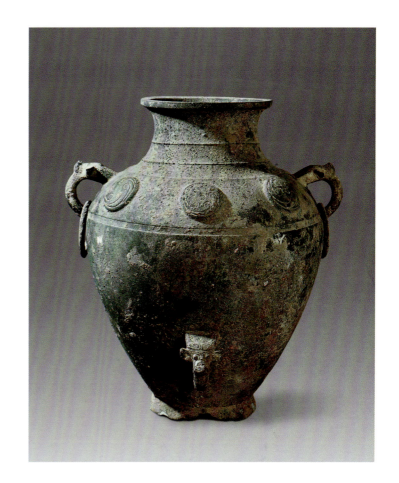

215　铜父丁罍

　　商（公元前1600～前1046年）

　　高44、口径34厘米

　　河南省武陟县出土

　　河南省武陟博物馆藏

　　小口微敛，平沿方唇，颈略内收，广肩，深腹下收，平底微凹，圈足外撇。肩部有对称两只牛首状半环耳，内有活环。腹下部附一兽首錾，肩部饰6个凸起的圆涡纹，颈与肩部均饰有弦纹。左耳内有铭文"父丁"2字。此罍器形较大，造型端庄，具有重要的历史、艺术价值，定为国家馆藏贰级文物。

216　铜夔形耳罍

　　西周（公元前1046～前771年）

　　高65、口径18厘米

　　湖南省湘阴县出土

　　湖南省博物馆藏

　　侈口，束颈，宽肩，鼓腹，高圈足。肩腹两侧伸出夔形双耳。颈部饰夔龙纹，腹饰大蕉叶纹。

　　此罍造型与中原西周铜罍不同，夔耳和纹饰都有地方特点，具有重要的历史和艺术价值，定为国家馆藏贰级文物。

217　铜兽面纹瓿

商代后期（公元前1300～前1046年）

高28、腹径36.5厘米

故宫博物院藏

圆体，敛口，大腹，圈足。颈部饰两道弦纹，腹部饰以雷纹为地的兽面纹，足饰目纹及夔纹。此瓿通体满饰花纹，造型完整，具有重要的历史、艺术价值，定为国家馆藏贰级文物。

218　铜兽面纹羊首罍

　　商（公元前1600～前1046年）

　　高33、口径13.5厘米

　　1982年河南省郑州市向阳回族食品厂窖藏坑出土

　　郑州市博物馆藏

　　　口微敛，折沿，长颈，折肩深腹，腹壁较直，圈足。颈饰两周弦纹，肩部饰3个凸起的羊首，间以带状的兽面纹，腹上部饰1周窄带状的斜角目云纹，其下饰3组双目突出的兽面纹，每两组之间各加饰1组倒置的双目较小的兽面纹，圈足上饰弦纹，有三孔。此罍铸造精良，保存完好，具有重要的历史、艺术价值，定为国家馆藏贰级文物。

219　铜兽面纹象耳壶

　　西周晚期（公元前885～前771年）

　　高48、宽32厘米

　　故宫博物院藏

　　壶体圆椭、口微侈，垂腹，圈足。颈两侧各有一象首耳，其中一耳经修配，颈部饰波曲纹带，腹饰雷纹地的浮雕大兽面纹，足饰变形三角夔纹。

　　此壶兽面纹雄丽而生动、双耳作象首、长鼻上扬，更增加了壶的装饰美。虽失盖及象首有修配，仍具有重要的历史和艺术价值，定为国家馆藏贰级文物。

220　铜云纹壶

　　战国晚期（公元前4世纪末～前221年）

　　通高31.3、口径10.2、腹径20.8厘米

　　1955年湖南省长沙市丝茅冲A区33号墓出土

　　湖南省博物馆藏

　　壶身直口微侈，长颈，高圈足。最大腹径偏上。腹两侧有铺首。盖隆起，上立4个S形纽。全身饰云纹，用3组双凹弦纹将纹饰分为4组。颈部饰三角云纹。肩、腹部的三组两端内卷的云纹，两两相对，每组两圈。圈足上饰S形云纹。

　　为典型的楚式铜壶，铸制颇精，具有重要的历史和艺术价值，定为国家馆藏贰级文物。

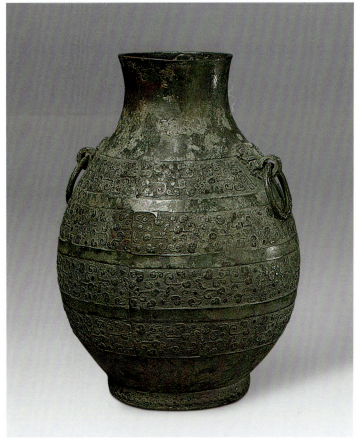

221 铜羽纹壶

战国（公元前475～前221年）

高31.8、腹径24.3厘米

故宫博物院藏

圆体、直口、硕腹，圈足，肩两侧饰双兽首衔环耳。肩腹部以素带相隔饰羽状纹4周，圈足饰绳纹。

此壶形体较大，且满饰花纹，具有重要的艺术价值，定为国家馆藏贰级文物。

222 铜鎏金壶

西汉（公元前206～25年）

高44.3、径20.8厘米

故宫博物院藏

圆体，侈口，大腹，双铺首，圈足。通体鎏金。虽大多为锈所蚀，仍具有重要的历史价值，定为国家馆藏贰级文物。

223 铜凤鸟纹方壶

战国（公元前 475～前 221 年）

通高 37.2、口径 10 厘米

1952 年四川省成都市羊子山出土

四川省博物馆藏

　　侈口鼓腹，方圈足。盖上有四个蛇身鸟首形环组，腹部两侧饰一对铺首。器体装饰对称的凤鸟纹。凤鸟的尾羽与展开的双翼相交。

　　此壶出土于战国墓葬中，保存完好，纹饰构图典雅，具有重要的艺术价值，定为国家馆藏贰级文物。

224　铜横方格栏扁壶

战国晚期（公元前 4 世纪末～前 221 年）

高 34.3、口径 12.5 厘米

河南省三门峡市上村岭出土

河南博物院藏

扁壶，盛酒器。圆口，短颈，扁鼓腹，长方形圈足。肩部附一对兽首衔环。腹饰横方格栏，方格内满饰羽状纹。此器工艺复杂，做工精细，具有重要历史和艺术价值，定为国家馆藏贰级文物。

225 铜兽纹三足壶

春秋晚期（公元前571～前476年）

高19、口径7.5厘米

河南省固始县侯古堆出土

河南省文物考古研究所藏

弧顶盖，盖上置环纽。小口，高直颈，平肩，圆鼓腹，下有3个小蹄足。肩设两环耳。颈与腹饰细阴线独角兽纹与工字形纹，纹饰线条简洁而流畅。造型新颖别致。

此器出土于春秋晚期吴墓中，为吴国高级贵族使用的器具，具有重要历史和艺术价值，定为国家馆藏贰级文物。

226　铜龙首提链壶

汉（公元前 206~220 年）

高 17.8、口径 8、腹围 49 厘米

1990 年河南省浚县出土

河南省浚县博物馆藏

小口有盖，上有三鸟形环状纽。器弇口，口下有一对半环纽，上连有浮雕龙首的提梁及链。鼓腹，圜底，下附三蹄足。造型精美，较为奇特。具有重要的历史、艺术价值，定为国家馆藏贰级文物。

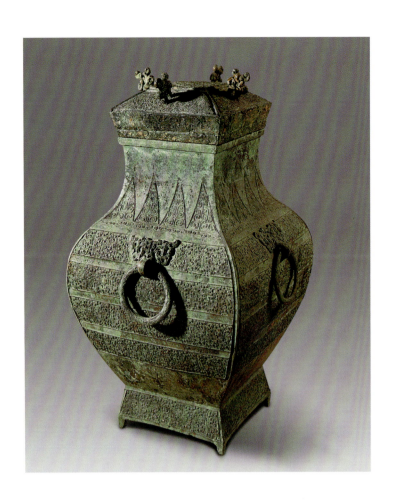

227 铜蟠虺纹钫

西汉早期（公元前206～前141年）

通高55.5、口长宽15、腹宽30.4厘米

1983年广州市象岗山南越王墓出土

广州市西汉南越王墓博物馆藏

方体，鼓腹，圈足。盖为覆斗状，鎏金，上立四个卷云状纽。肩部有4个铺首，圈足下有4个小足。盖饰蟠虺纹，器身饰7道纹饰，颈饰卷云纹、三角形纹和窄勾连云纹，腹和圈足上饰蟠虺纹。

此钫纹饰清晰流畅，腹部的四道纹带是同一方形印模打印的，对于研究西汉南越地区的青铜铸造技术有重要价值，定为国家馆藏贰级文物。

228 铜蒜头壶

西汉（公元前206～25年）

高32.2、径13.1厘米

故宫博物院藏

蒜头壶是古代盛酒器的一种。圆体，小口，直颈，硕腹，圈足。颈部饰两周凸棱纹，足内底有一环纽。足外侧有"重十六斤"4字刻铭。

此壶光洁素雅，口部呈蒜头形，并标明其重量，具有重要的历史价值，定为国家馆藏贰级文物。

229　铜玉壶春瓶

　　元·大德元年（1297年）

　　高29、口径7厘米

　　故宫博物院藏

　　小口，细颈，鼓腹，圈足，口呈花瓣状。器表近似黑色，光素无花纹，足边有"大德一年七月□官造"9字。此瓶年代确切，为元代的标准器，具有重要的历史和科学价值，定为国家馆藏贰级文物。

230　铜錾花鎏金出戟方瓶

　　清·乾隆（1736～1795年）

　　高17.1、口径5.6厘米

　　故宫博物院藏

　　方体，失盖，出戟，颈部饰蕉叶纹，腹部在回纹锦地上饰折枝花卉，正中1朵，四角各1朵，花朵不规则，若明若暗。全部纹饰均錾刻而成。底部正中刻"大清乾隆年制"6字楷书款。

　　此瓶采用錾花鎏金工艺，极富装饰意趣。且有"乾隆年制"铭文，可作为乾隆时期的标准器，具有重要的历史和艺术价值，定为国家馆藏贰级文物。

231　铜蟠虺纹兽耳罍

春秋（公元前 770～前 476 年）

高 27.5、宽 38 厘米

故宫博物院藏

圆体，侈口，广肩，双耳。双耳作兽形，兽回首，短尾上翘。通体饰蟠虺纹、横鳞纹和齿纹。

此器形体较大、花纹清晰、双兽耳生动，具有重要的历史、艺术价值，定为国家馆藏贰级文物。

232 铜蟠虺纹龙耳铄

春秋（公元前770～前476年）

高5.1、口长11.7、口宽9.7厘米

1972年湖北省襄阳市山湾楚墓出土

湖北省博物馆藏

铄，酒器。此类器物过去多名为"舟"，后因有自铭为"铄"的，故改。器形椭圆，敛口，平沿，腹微鼓，平底。两侧有龙形环耳。腹饰细密的蟠虺纹两周，三角云纹1周。

此器铸制精良，保存完整，具有重要的历史和艺术价值，定为国家馆藏贰级文物。

233 铜兽面纹觚

商代前期（公元前 1600～前 1300 年）

通高 13.5、口径 11.3 厘米

1980 年陕西省城固县龙头镇出土

陕西省城固县文化馆藏

形体矮粗，束腰与圈足交界处无明显分界。腰饰单线兽面纹，圈足饰 3 道弦纹，并有 4 个宽大的十字镂孔。口沿有损。

此觚是商代青铜器窖藏中时代最早者，保存完好，具有重要的历史价值，定为国家馆藏贰级文物。

234 铜蕉叶鸟纹觚

西周早期（公元前 1046～前 977 年）

通高 29.7、口径 15.6 厘米

1976 年陕西省扶风县庄白村出土

陕西省宝鸡市周原博物馆藏

喇叭形，高圈足，腹部呈圆柱形，略有凸显。喇叭口外壁饰叶形兽体纹及长冠分尾凤鸟，圈足饰长冠垂尾凤鸟。

此觚出土于微氏家族青铜器窖藏中，且保存完好，具有重要的历史和艺术价值，定为国家馆藏贰级文物。

235　铜⽗戊觯

商代后期（公元前 1300～前 1046 年）

高 11.5、径 9 厘米

故宫博物院藏

圆体、侈口、圈足。颈部饰雷纹 1 周。此觯保存良好，花纹清晰，且有"⽗戊"2 字铭文，具有重要的历史价值，定为国家馆藏贰级文物。

236　铜麦伯觯

西周早期（公元前 1046～前 977 年）

通高 20.9、口径 10.5～12.1 厘米

1981 年陕西省宝鸡市竹园沟出土

陕西省宝鸡青铜器博物馆藏

椭圆形，侈口束颈，盖顶作球面形，顶上有弓形纽，腹部垂鼓。盖沿、颈部及圈足仅饰 2 道弦纹。装饰朴素，造型大方。盖内及内底各有铭文 5 字，记述麦伯作器。

此觯出土于西周早期的弓矢季墓中。器主明确，组合完整，保存很好，铭文虽仅有 5 字，但它对于研究西周时期麦、弓矢两国之间的关系有着重要的历史价值，定为国家馆藏贰级文物。

237 铜窃曲纹双耳盘

西周晚期（公元前 885～前 771 年）

高 13.7、宽 39.6 厘米

故宫博物院藏

浅圆腹，双附耳，高圈足。腹饰窃曲纹。

此盘造型规整，纹饰清晰，具有重要的艺术价值，定为国家馆藏贰级文物。

238 铜中友父盘

西周晚期（公元前 885～前 771 年）

通高 12.5、口径 36 厘米

1960 年陕西省扶风县齐家村出土

陕西历史博物馆藏

平沿外折，附耳高出盘口。口沿下饰重环纹，圈足饰两道弦纹。内底铸铭文 13 字，记中友父作器。

此盘与中友父匜同出于扶风县齐家村东南的西周铜器窖藏中，为西周晚期盥洗用具盘匜配套使用的典型实例，具有重要的历史价值，定为国家馆藏贰级文物。

239　铜蟠虺纹环耳盘

春秋（公元前 770～前 476 年）

高 9.2、口径 39 厘米

1978 年河南省淅川县下寺楚墓出土

河南博物院藏

敞口，小方唇，浅腹，平底微圜，下有三个兽面矮足，腹周对称铸有 4 个环形纽，纽中又各套一活环。盘腹饰蟠虺纹、绚索纹与三角纹。此盘造型美观，保存完好，具有重要的历史、艺术价值，定为国家馆藏贰级文物。

240 铜鱼龙纹盘

春秋（公元前770～前476年）

高19.6、口径41厘米

安徽省繁昌县汤家山出土

安徽省繁昌县文物管理所藏

侈口，浅腹，平底，圈足，两环耳附于腹部。口沿饰鳞纹，腹和圈足饰龙纹。盘内壁饰1周鱼纹，盘底饰盘龙纹，头中尾外。

此盘形制与纹饰虽摹仿中原的早期铜盘，但龙头已变小而图案化，其旁又衬以变形龙纹而成的几何纹，既有中原影响，又有吴越地方特点，具有重要历史和艺术价值，定为国家馆藏贰级文物。

241　铜中友父匜

西周晚期（公元前885～前771年）

通高12.5、口径20厘米

1960年陕西省扶风县齐家村出土

陕西历史博物馆藏

曲口宽流，匜鋬呈卷角龙形，龙口衔沿，匜底有四扁足。口沿饰窃曲纹，腹部铸成瓦纹。内底有铭文13字，记中友父作器。

此匜出土于西周铜器窖藏中，与中友父盘同出，当是一套完整的盥洗用具。保存完好，对于研究西周晚期青铜器组合与用途，具有重要的历史价值，定为国家馆藏贰级文物。

242 铜𠨪匜

春秋晚期（公元前571～前476年）

高14、通长26、口宽21.5厘米

河南省淅川县下寺楚墓出土

河南博物院藏

口微敛，前有兽首管状流，后有夔龙状鋬，平底。肩与腹上部饰蟠虺、绳索与三角纹，内底有："𠨪之盥匜"4字铭文。

此匜为楚国上层贵族遗子冯使用的盥洗用具，具有重要的历史价值，定为国家馆藏贰级文物。

243 铜蛙纹匜

战国（公元前475～前221年）

高11.2、宽22.5厘米

故宫博物院藏

体椭圆，兽首流上伏一蛙，兽形鋬，三蹄形足。腹饰三角云纹。

此匜流作兽首形，并以蛙作装饰，造型生动，设计独具匠心，具有重要的艺术价值，定为国家馆藏贰级文物。

244　铜百乳鉴

春秋（公元前 770～前 476 年）

高 15、口径 35、底径 21 厘米

1983 年广州市象岗山西汉南越王墓出土

广州市西汉南越王墓博物馆藏

平沿折唇，腹斜收成平底。腹上部有两个半环耳。耳上焊接兽首，底下有 3 个短小方足。器壁纹饰有 4 组：第 1、3 组为以蟠虺纹作地纹的细点圈纹，纹样如小珠突起；第 2 组是两周绳索纹；第 4 组为蝉纹，下垂呈三角形。

此鉴纹饰精工。从器形和纹饰风格看，均与江西靖安出土的徐国盥盘相似，所以，此器并非西汉南越国所制，而应为春秋时期铸成流传数百年后才埋入西汉南越王墓中的，具有重要的历史和艺术价值，定为国家馆藏贰级文物。

245　铜樊君盆

春秋（公元前770～前476年）

通高20、口径25.7厘米

1978年河南省信阳市平西出土

河南省信阳市文物局藏

盖隆起，上有圆形捉手，器口平沿，鼓腹，平底，腹颈间两侧附半环耳。盖与腹部饰蟠螭纹、窃曲纹、乳丁纹及绳索纹。器与盖有对铭3行11字"樊君夒用其吉金自作宝盆"。此盆纹饰精美，保存完好，具有重要的历史、艺术价值，定为国家馆藏贰级文物。

246　铜云雷纹盆

春秋（公元前770~前476年）

通高21、口径24厘米

1963年湖南省衡阳县保和墟出土

湖南省博物馆藏

敛口，折沿，束颈，平底。两侧有环耳。盖隆起，盖顶有喇叭形捉手，盖沿有3个器卡，以防盖滑落。全身饰云雷纹。

此器保存完整，出土于江南越人墓葬，具有重要的历史和艺术价值，定为国家馆藏贰级文物。

247 铜阳嘉四年扜

东汉·阳嘉四年（公元135年）

高17.5、口径36厘米

云南省博物馆藏

铜扜，汉代盛酒器，过去多名为"洗"。此扜口沿外折，口微敛，鼓腹，平底，双铺首。腹饰凸弦纹。底内铸篆体阳文"阳嘉四年朱提作"7字。"朱提"在今云南昭通一带。

铜扜较常见，但此件保存完好，并铸有年号和铸造地点，具有重要的历史价值，定为国家馆藏贰级文物。

248 铜双鱼纹盆

元（1271～1368年）

高6.8、口径38.5厘米

故宫博物院藏

圆体，宽折沿，浅腹，平底，下有三小足，口沿錾刻四季花卉，内底饰菱花形铜镜纹，有两条游动的鲤鱼。

此盆造型规整，花纹精美而且起伏有致，具有重要的艺术价值，定为国家馆藏贰级文物。

249 铜九枝灯

西汉早期（公元前206~前141年）

通高85、座径20厘米

1976年广西贵县罗泊湾1号墓出土

广西壮族自治区博物馆藏

　　灯作扶桑树形，下有覆盘形底座，灯座上铸灯柱为主干，上细下粗，下端作宝瓶形。柱上分出3组枝杈，每组3枝，长短不一，上下错开，每枝承托桃形灯盏一个，盏内有支钉。顶端为一鸟形灯盏，干、枝、灯盘分别铸造，用榫铆套接，可以拆卸。

　　此灯据古代扶桑树的传说铸造，保存完整，系汉初南越国高级贵族的灯具，数量较少，具有重要的历史和艺术价值，定为国家馆藏贰级文物。

250 铜鎏金羊灯

西汉（公元前206～25年）

高29、长23厘米

陕西省凤翔县出土

陕西省西安市文物保护考古所藏

灯体做成四肢屈曲跪卧的山羊形。羊体浑圆，抿嘴屈角，昂首，腹腔中空，以羊的脊背做成灯盘，盘柄下端有轴与头相连。用时把灯盘翻转顶在羊头上，不用时翻下便与羊体扣合，设计巧妙。

此灯通体鎏金，造型生动，灯盘及羊头虽然残破，后经修复，仍具有重要的历史、艺术价值，定为国家馆藏贰级文物。

251 铜雁足灯

西汉（公元前206~25年）

高12.7、宽10.2厘米

故宫博物院藏

浅圆盘，直壁，平底，盘中立一支钉。下有雁足支撑灯盘，足趾平展，有蹼。

此灯以雁足做灯盘支撑，使盘平稳，且富有装饰性，具有重要的艺术价值，定为国家馆藏贰级文物。

252 铜乳丁纹盒

春秋晚期（公元前571~前476年）

高7.5、口径4.8厘米

河南省固始县侯古堆出土

河南省文物考古研究所藏

直口圆肩，肩设对称环耳，腹为上小下大的两个扁圆形相叠而成，圈足。弧顶直沿盖，正中立鸟形纽。盖面与器腹满饰细密的乳丁纹。出土时内盛花椒。

此盒盖上有立鸟形纽，为吴越青铜器的特征，满饰乳丁纹，与吴越地区流行的棘刺纹风格相近，又与南方的几何印纹陶风格有关，其地方特点明显，具有重要历史和艺术价值，定为国家馆藏贰级文物。

253 铜菱形纹提筒

西汉早期（公元前206～前141年）

高50、口径45.5～46.5厘米

1983年广州象岗山南越王墓出土

广州市南越王墓博物馆藏

提筒是汉代南越地区的盛酒器。此提筒为圆桶形，子口，腹微鼓，矮圈足。复耳，另圆形贯耳。器身饰3组纹带，第一组有五道纹饰，上下有栉齿纹、连环圆点纹，中间为勾连菱形纹；第二组为重圈圆点纹夹勾连戟形纹；第三组略同一组，但无中间的菱形纹。

此器形体硕大，有地方特点，保存完好，具有重要的历史和艺术价值，定为国家馆藏贰级文物。

254　铜俑车辖

西周（公元前1046～前771年）

辖首俑高18.5，辖键长7，板长11，宽10厘米

1966年河南省洛阳市北窑村M451出土

河南省洛阳市博物馆藏

此辖分首、键两部分，首铸一俑，双手置腹前，跪于键上。身着长袍，宽领右开，腰扎束带。背后横出一板，板面饰兽面纹。俑下为辖键，背有轴饰，是一件辖与轴饰相结合的器物。

此辖造型奇特，保存完好，具有重要的历史、艺术价值，定为国家馆藏贰级文物。

255　铜陕州犁铧

唐（公元618～907年）

长24.6、宽22.9、銎厚7.5厘米

湖南省博物馆藏

三角形，前端尖锐，两侧稍弧，后有椭圆形銎，近銎两侧铸楷书阳文"陕州"二字，銎中部有栓钉圆孔。

此犁铧保存完整，且铸明制造地点。"陕州"在今河南省西部。对于研究我国古代农业生产工具史具有重要价值，定为国家馆藏贰级文物。

256　铜鸟纹鸮足烤炉

西汉早期（公元前206～前141年）

高11、长27.5、宽27厘米

1983年广州市象岗山南越王墓出土

广州市西汉南越王墓博物馆藏

方形，四角微翘，宽口沿，腹垂直，底略下凹，下有四只鸮形足，四边各有一铺首，两侧有小猪4头，猪嘴朝上，中空，可扦烧烤用具。炉口沿饰羽状纹，外壁主纹为两两勾连的斜线纹，相间蟠绕鸟纹。可见方块模印痕。

此烤炉的形制和装饰均甚少见，虽已破损经修复，仍对研究南方越人的生活情况具有重要的历史和艺术价值，定为国家馆藏贰级文物。

257 铜飞马饰

西汉（公元前206～25年）

高6.1、宽7.6厘米

故宫博物院藏

此饰件之马作飞奔状，马嘴成环状，似在鸣叫，眼作菱形，双耳竖起，有双翅，以对侧步四足腾空，尾部翘起，形体塑造极为生动，具有重要的艺术价值，定为国家馆藏贰级文物。

258 铜盒形凤纹熏炉

战国（公元前475～前221年）

高5.6、口径6.5、腹径8.2厘米

湖南省长沙市近郊出土

湖南省博物馆藏

盒形，盖隆起，口微敛。子母口，深圆腹，平底，矮圈足。腹两侧双环耳已残。盖饰镂空凤纹，凤反首，长勾喙，长垂冠，身卷曲作S形，长尾已残缺。凤身上饰短线和云纹。器身饰羽状纹，用4条竖带分为4组。底下中部有一条凸起的铸痕。

盒形熏炉甚少见，此件铸制颇精，虽稍有残损，仍具有重要的历史和艺术价值，定为国家馆藏贰级文物。

259 铜四联方豆形熏炉

西汉早期（公元前206～前141年）

通高16.4、炉体高11.2、足宽9厘米

1983年广州市象岗山南越王墓出土

广州市西汉南越王墓博物馆藏

　　方豆形，炉体由4个方形圜底盒组成田字形，炉盖为一整体分为四格，每格做成一顶盖，顶上有半环纽，炉身上半和盖均有菱形镂孔。四炉共用一方形束腰圈足。

　　这种四联豆形熏炉是首次见到，且是西汉南越王王室用器，虽已破损较重，经修复，仍具有重要的历史和艺术价值，定为国家馆藏贰级文物。

260 铜北山堂双耳炉

明（1368～1644年）

高8、口径11.7厘米

故宫博物院藏

　　形制规整，圆体，束颈，侈口，双立耳，三乳足。通体光素无纹饰，色泽纯正，呈蟹青色，莹润而光亮。器底有剔地阳文"北山堂留玩"五字篆书，具有重要的历史价值，定为国家馆藏贰级文物。

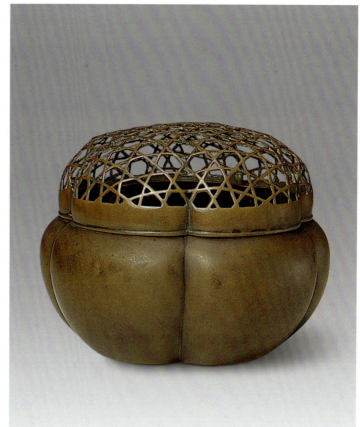

261 铜张鸣岐梅花式手炉

明（1368～1644 年）

高9、口径9.5厘米

故宫博物院藏

手炉作五瓣梅花式，上有仿编织网状镂空盖，造型别致。炉表面呈古铜色，色泽古朴典雅。通体光素无纹。炉底正中阴刻双线篆书"张鸣岐制"4字。

张鸣岐，浙江嘉兴人，是明代著名的铸造铜炉的工匠。这件手炉造型别致，为名家制品，具有重要的艺术价值，定为国家馆藏贰级文物。

262 铜戟耳炉

清·康熙（1662～1722 年）

高7.7、口径10厘米

故宫博物院藏

圆体，侈口，束颈，垂腹，戟形双耳，圈足。表面呈暗紫色，光素无纹饰。底中心有阳文楷书"康熙年制"4字。

此炉为清宫造办处所制，做工精良，是康熙时期的标准器，具有重要的历史价值，定为国家馆藏贰级文物。

263　铜行有恒堂双耳炉

清·道光二十八年（1848年）

高7.4、口径10.5厘米

故宫博物院藏

圆体，双立耳，三乳突状足。通体为褐绿色，腹部洒金片，两色交相辉映。底部正中有阳文楷书"道光戊申行有恒堂制"9字。"戊申"为道光二十八年，"行有恒堂"为道光的堂名款，具有重要的历史和艺术价值，定为国家馆藏贰级文物。

264　铜兽纹炉

清（1644～1911年）

高17.5、口径14.1厘米

故宫博物院藏

体呈斗形、有覆斗形盖，平底，下有4只三角形足。盖镂空，饰龙凤纹，腹部錾刻海水，并有龙、鱼和异兽在水波中游动。

此炉器体厚重、制作工艺复杂、纹饰富有动感，具有重要的艺术价值，定为国家馆藏贰级文物。

265 铜匙形礤

西汉早期（公元前206～前141年）

高5.2、长13.3、槽宽4.5厘米

1983年广州市象岗山南越王墓出土

广州市西汉南越王墓博物馆藏

礤形如匙，窄端有双线环纽，可以悬挂，另一端有半环纽，内扣圆环。底有4个柱形短足。漏斗作半球形，底有60个漏孔，分四圈排列，中心一孔，外四圈分别为7、14、18、22孔；窄端为礤槽，平底上分布七排凸起的小乳丁，用以磨擦佐料。

这种日常生活用具是首次出土，且出于西汉南越王墓中，具有重要的历史价值，定为国家馆藏贰级文物。

266 铜曾侯乙箕

战国早期（公元前475～前4世纪初）

高5.2、长29、口宽25.3厘米

1978年湖北省随县擂鼓墩曾侯乙墓出土

湖北省博物馆藏

三角形，平底，仿竹篾编织，形象逼真。口沿上有"曾侯乙作持用终"7字铭文。出土时置炭炉内，应是盛木炭用具。

此箕是曾侯王室用器，保存完好，铸器仿竹编，甚为少见，具有重要的历史和艺术价值，定为国家馆藏贰级文物。

267　铜人面

商代后期（公元前 1300～前 1046 年）

高 16.3、两耳间距 16.7 厘米

1977 年陕西省城固县苏村出土

陕西历史博物馆藏

造型呈片状，整体像人面形。眼部凹陷，目睛凸起，瞳孔、鼻孔、耳部及齿缝镂空。

这种人面出土于商代晚期青铜器窖藏，对于研究商代后期的历史有重要价值，定为国家馆藏贰级文物。

268　铜鎏金象

东汉（公元 25～220 年）

通高 3.5、长 4.5 厘米

河南偃师县寇店出土

河南博物院藏

象作站立状，体粗壮，长鼻下垂，鼻端上卷，两耳微张，静中有动。通体鎏金。象在东汉时早已南迁于中国南部，北方只有少量经过驯化的象。此象鎏金技术高超，具有重要艺术和科学价值，定为国家馆藏贰级文物。

叁级文物

269　铜夔龙纹鼎

商代后期（公元前 1300～前 1046 年）

高 18.2、宽 15.6 厘米

故宫博物院藏

圆体、双立耳，深腹，圜底，三柱足。腹部饰夔龙纹及扉棱6道。此类铜鼎传世较多，纹饰虽然简单，但保存完整，具有比较重要的历史价值，定为国家馆藏叁级文物。

270　铜蟠虺纹鼎

春秋早期（公元前 770～前 677 年）

通高 10.7、口径 12.9 厘米

1975年陕西省凤翔县八旗屯出土

陕西省考古研究所藏

立耳，平沿，浅腹，圜底，三蹄足。腹部饰蟠虺纹。它出土于春秋秦墓中，器物组合完整，具有比较重要的历史价值，定为国家馆藏叁级文物。

271　铜三环纽鼎

西汉（公元前206～25年）

通高20、口径17.3厘米

陕西省凤翔县高庄出土

陕西省考古研究所藏

体呈扁球形，盖呈球面形与器身子母口扣合。盖上有3个半环纽，器体两侧附耳外张，3个蹄形足较矮。腹中部有1道高突棱。下腹积有烟炱。通体光素。此鼎出土于汉墓之中，出土时盖上有一个破洞，后经修复。此器对于研究西汉时期的物质文化有比较重要的历史价值，定为国家馆藏叁级文物。

272　铜兽面纹鼎

清（1644～1911年）

高21.6、宽16.1厘米

故宫博物院藏

仿商，口圆，双立耳，三柱足。颈部饰兽面纹，腹部及足饰蝉纹。该鼎造型虽具有商代特点，而花纹的形与神却与商代的纹饰相去甚远，为清代所造，具有比较重要的历史价值，定为国家馆藏叁级文物。

273　铜素面鬲

　　商代后期（公元前1300～前1046年）

　　高16.8、宽14.5厘米

　　故宫博物院藏

　　侈口，双立耳，三柱足。该鬲保存完整，但造型多见，且足部花纹后刻。具有比较重要的历史价值，定为国家馆藏叁级文物。

274　铜蟠虺纹方甗

　　春秋早期（公元前770～前677年）

　　通高17.7、口长9.7厘米

　　1975年陕西省凤翔县八旗屯出土

　　陕西省考古研究所藏

　　长方形盘口，扁形方立耳，足内面空。腹部饰蟠虺纹，无地纹。器壁极薄，铸造不精，是专门为随葬铸造的明器，对于研究春秋时期的随葬制度有比较重要的历史价值，定为国家馆藏叁级文物。

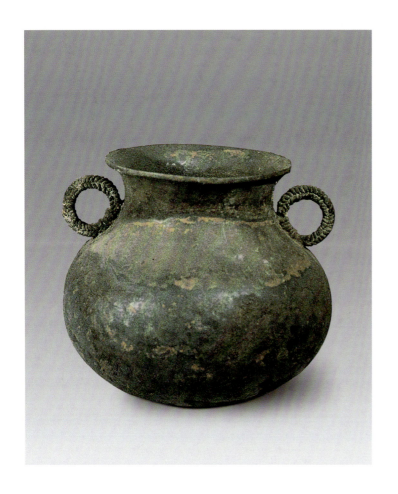

275　铜辫索耳鍪

战国晚期（公元前4世纪末～前221年）

通高19.5、口径15.5厘米

1980年四川省新都县马家乡出土

四川省博物馆藏

敞口，束颈，溜肩，圜底。通体无纹饰。肩、颈之间有两个辫索纹环形耳。

此鍪质朴无华，属于实用炊具，具有比较重要的历史价值，定为国家馆藏叁级文物。

276　铜釜甑

东汉（公元25年～220年）

通高21.2、口径17厘米

2001年6月河南省巩义市新华小区1号汉墓出土

郑州市文物考古研究所藏

由甑和釜扣合而成。甑口微敛，窄折沿，上腹较直，下腹弧收，底上凸，镂有四等份条形算孔，圈足套于釜上，铜锈脱落处露出水波纹。釜圆肩，腹中部有一凸棱，下腹内收，圜底。具有比较重要的历史、艺术价值，一套按一件计，定为国家馆藏叁级文物。

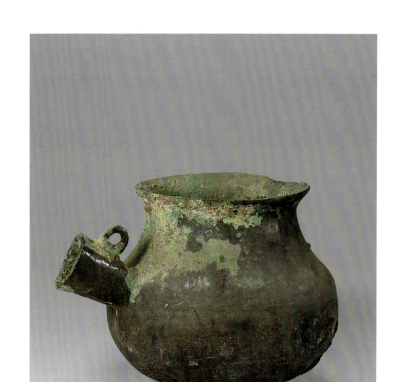

277 铜有銴鍪

西汉（公元前206～25年）

陕西省西安市南郊祭台村出土

陕西省考古研究所藏

侈口束颈，溜肩圆底。一侧有扁銴，可装柄，銴上有圆环与前肩上的圆环相应。下腹有两处补丁，且布满烟炱。此鍪具有比较重要的历史价值，定为国家馆藏叁级文物。

278 铜双耳素面鍑

西汉（公元前206～25年）

通高15.2、口径12厘米

80年代陕西省清涧县李家崖出土

陕西省考古研究所藏

圆腹微鼓，高圈足。一对半环耳立于口沿上，范线清晰，圈足内有范土。腹部有铸补痕2处。

此鍑出土于西汉墓葬中，属于北方草原文化的器物，虽然铸造较粗糙，腹有补痕，但它对于研究北方草原民族与汉民族的关系有比较重要的历史价值，定为国家馆藏叁级文物。

279　铜夔纹簋

西周（公元前1046～前771年）

高13.8、口径20、底径15厘米

1973年河南省鹤壁市庞村镇

辛村墓地采集

河南省鹤壁市博物馆藏

敞口，颈微束，颈下有一对兽耳，下
有外勾小珥，腹微鼓，圆底，圈足。颈
部与圈足均以浅浮雕手法饰夔龙纹。具
有比较重要的历史、艺术价值，定为国
家馆藏叁级文物。

280　铜素面簋

西周（公元前1046～前771年）

高11.2、宽18.1厘米

故宫博物院藏

扁圆体、侈口、圈足、通体光素无
纹饰。该簋年代虽较早，但口已变形，又
无纹饰。具有比较重要的历史价值，定
为国家馆藏叁级文物。

281　铜卷龙纹簠

春秋（公元前 770～前 476 年）

通高 21.2、口长 33、口宽 23 厘米

1978 年河南省信阳市平西出土

河南省信阳市文物局藏

敞口，直沿，斜壁，平底，下有矩形圈足。盖与器形制相同，合为一体，两侧有 4 个环状纽。簠饰卷龙纹与窃曲纹。具有比较重要的历史、艺术价值，定为国家馆藏叁级文物。

282　铜弦纹豆

战国（公元前 475～前 221 年）

高 20.4、宽 18.5 厘米

故宫博物院藏

有盖，喇叭状高圈足，盖顶有圆形捉手。腹饰弦纹 1 道。此豆造型简单，但保存完好，具有比较重要的历史价值，定为国家馆藏叁级文物。

283　铜长沙府学豆

明·崇祯癸酉年（1633年）

通高11.5、盘径11.6、盘深2.4厘米

湖南省博物馆藏

浅圆盘，粗柄，高圈足。盘腹饰有4个小圆饼，柄上铸有阳文楷书26字："崇祯癸酉岁广东分守道三省监军参政嗣孙云蒸捐太平宴金置"，另一面铸"长沙府学"四字。

此豆有明确纪年和置用地点，保存完好，虽然铸制较粗，但对于研究明代民俗文化具有比较重要的历史价值，定为国家馆藏叁级文物。

284　铜陶澍笾

清·道光六年（1826年）

通高26、口径15.7厘米

湖南省博物馆藏

笾为用竹编的祭祀时盛果品用器。此笾用铜铸，竹编形制清晰。器作豆形，上有覆碗形盖，盖顶有球状捉手，中饰龟纹。盖、盘子口扣合。盘作浅腹，高圈足。盘腹两侧各有一圆饼形饰，上铸一"笾"字。圈足中部一方块上铸楷书阳文五行共31字铭文。其内容说明此笾是道光六年兵部侍郎江苏巡抚陶澍为资江陶氏宗祠所制。铭文左上角铸"赏戴花翎"。圈足下边内刻"五"字。

陶澍系湖南安化人，清道光年间官至两江总督。此笾为陶氏宗祠祭器之一，年代明确，较少见，具有比较重要的历史价值，定为国家馆藏叁级文物。

285 铜弦纹爵

商代后期（公元前1300～前1046年）

高18.6、宽14.5厘米

故宫博物院藏

圆体，蘑菇状双柱，有鋬，圜底，下有三足，饰弦纹。此爵时代较早，纹饰简单，具有比较重要的历史价值，定为国家馆藏叁级文物。

286 铜兽面纹爵

商（公元前1600～前1046年）

通高15.7、流至尾长13.1厘米

河南省灵宝县东桥出土

河南省灵宝县文物管理委员会藏

敞口，窄流，尖尾，沿上立有一对菌状柱，柱顶饰涡纹，柱下两分。深腹微鼓，圜底，下有三棱锥形足。腹部有鋬的一侧饰云雷纹，另一侧饰兽面纹。具有比较重要的历史、艺术价值，定为国家馆藏叁级文物。

287　铜龙形环耳铫

春秋（公元前770~前476年）

通高6、口径18.9厘米

1966年河南省潢川县出土

河南博物院藏

器近圆形，口微敛，弧腹下收，小平底。器两侧各有一龙形环耳，铆接于腹上部。器壁较薄，通体光素。具有比较重要的历史价值，定为国家馆藏叁级文物。

288　铜兽首流鐎壶

西汉（公元前206~25年）

高9.5、宽28.4厘米

故宫博物院藏

鐎壶，温器。圆体，有盖，前有短流，一侧有曲形长銎，平底。盖有活环，流饰兽首，腹饰弦纹1周。此鐎壶保存完整，但较为多见，且纹饰简单，具有比较重要的历史价值，定为国家馆藏叁级文物。

289 铜龙柄鐎斗

西汉（公元前206～25年）

通高21、口径23厘米

1998年陕西省西安市北郊顶益村出土

陕西省考古研究所藏

鐎斗，温器。此鐎斗侈口，浅腹平底，三蹄足外撇。一侧有龙柄，腹饰四道弦纹，外壁积有烟炱。

此鐎斗出土于西汉墓葬，是当时的实用器皿，保存完好，具有比较重要的历史价值，定为国家馆藏叁级文物。

290 铜兽面纹尊

商代后期（公元前1300～前1046年）

高24.4、宽20.5厘米

故宫博物院藏

喇叭状侈口，腹微鼓，高圈足，腹部饰兽面纹。此尊保存完整，但锈蚀较多，花纹不清，具有比较重要的历史价值，定为国家馆藏叁级文物。

291　铜弦纹方彝

商代后期（公元前1300～前1046年）

高18.7、宽10.6厘米

故宫博物院藏

　　方体，有盖，平底，方足，上有坡顶盖。盖与器均饰弦纹。此方彝造型与纹饰均简单，铸造较粗，但方彝传世较少，虽锈损较重，仍具有比较重要的历史价值，定为国家馆藏叁级文物。

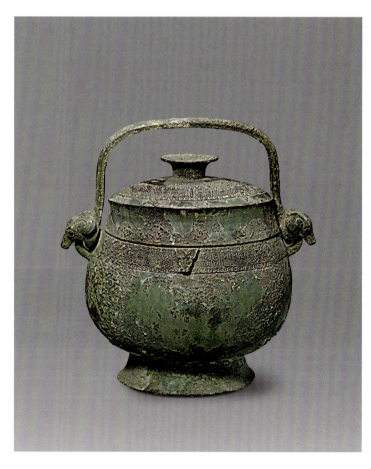

292　铜雷纹卣

西周（公元前1046～前771年）

高25.6、宽24.7厘米

故宫博物院藏

　　椭圆，有盖，盖顶有喇叭形捉手，圆腹，圈足。颈两侧有提梁。颈部饰雷纹，间饰兽首。足饰弦纹。

　　此卣年代较早，虽曾多处修补，纹饰不清，圈足十字镂孔系后刻，仍具有比较重要的历史价值，定为国家馆藏叁级文物。

293　铜涡纹罍

商代后期（公元前1300～前1046年）

高26.2、宽24厘米

故宫博物院藏

圆体，束颈鼓腹，圈足。肩两侧各一耳及腹下前后各有一耳。肩部饰涡纹6个。此罍时代早，虽然传世数量较多，铸造不精，且纹饰简单，仍具有比较重要的历史价值，定为国家馆藏叁级文物。

294　铜兽面纹贯耳壶

商代后期（公元前1300～前1046年）

高33.7、宽17厘米

故宫博物院藏

圆体，直口，颈微束，垂腹，圈足。颈两侧各有一贯耳。颈部饰弦纹，肩及足饰兽面纹，贯耳饰兽面纹。

此壶保存完整，纹饰简练，虽壶身锈蚀较多，仍具有比较重要的历史、艺术价值，定为国家馆藏叁级文物。

295 铜几何云纹壶

战国晚期（公元前 4 世纪末～前 221 年）

高 25.5、口径 9.2、底径 10.1 厘米

1978 年河南省泌阳县官庄北岗出土

河南省驻马店市文物考古研究所藏

侈口，长颈，斜肩，深鼓腹，高圈足。肩部有一对铺首衔环耳。全器主体纹饰呈三角几何形，并填以云雷纹。具有比较重要的历史、艺术价值，定为国家馆藏叁级文物。

296 铜带纹壶

东汉早期（公元 25～88 年）

通高 36.5、口径 13.8、腹径 24.8 厘米

1953 年湖南省衡阳市蒋家山 4 号墓出土

湖南省博物馆藏

盘口，束颈，扁圆腹，高圈足外撇。两侧有铺首。肩、腹部各饰两道稍凸起的宽带纹，其余素面。足上有横弦纹 1 道，竖凸棱 8 条。

此类壶在汉代较常见，但此壶保存完好，器形较大，具有比较重要的历史价值，定为国家馆藏叁级文物。

297 铜双铺首扁壶

西汉（公元前206～25年）

高28.1、径13.6厘米

故宫博物院藏

体扁圆，有盖，直颈，宽肩，长方形圈足。盖中间有兽首衔环纽，腹两侧有铺首各一。此壶造型素朴，具有比较重要的历史价值，定为国家馆藏叁级文物。

298 铜蒜头壶

西汉（公元前206～25年）

高37、口径3.5、底径12.5厘米

河南省文物考古研究所藏

六瓣蒜头形口，细长颈，颈中下部有一周扁箍，箍中间又有一周凸棱，扁圆鼓腹，圈足底部中间有一环状纽。具有比较重要的历史、艺术价值，定为国家馆藏叁级文物。

299　铜宽带纹锺

　　西汉（公元前206～25年）

　　通高19、口径9厘米

　　1998年陕西省西安市北郊顶益村出土

　　陕西省考古研究所藏

　　直口长颈，平底，圈足。圆肩上有鼻纽衔环1对，肩与腹共饰3道宽带纹。

　　此锺出土于西汉墓中，器物组合完整，铜质较好，虽然装饰简单，但它对于研究西汉随葬制度，具有比较重要的历史价值，定为国家馆藏叁级文物。

300　铜兽面纹觚

　　商代前期（公元前1600～前1300年）

　　高20.5、口径12.3厘米

　　河南省郑州市白家庄出土

　　河南博物院藏

　　喇叭口，直腹、平底、喇叭状高圈足。腹部饰单线兽面纹，圈足饰凸弦纹2周，并有十字形镂孔4个。壁薄体轻，有蚀洞，纹饰较简单，具有比较重要的历史价值，定为国家馆藏叁级文物。

301 铜兽面纹觯

　　商代前期（公元前1600～前1300年）

　　高11.8、口径9厘米

　　故宫博物院藏

　　体圆，侈口，圈足。颈部饰兽面纹。此觯保存完整，时代较早，虽锈蚀较多，纹饰不清，仍具有比较重要的历史价值，定为国家馆藏叁级文物。

302 铜弦纹觯

　　西周早期（公元前1046～前977年）

　　高15.1、口径7.4厘米

　　故宫博物院藏

　　体修长，侈口，腹下垂。圈足。颈饰弦纹2道。此觯时代较早，虽造型简单，锈蚀较重，仍具有比较重要的历史价值，定为国家馆藏叁级文物。

303 铜弦纹盂

西周中期（公元前976～前886年）

通高14.6、口径20.3厘米

陕西省境内出土

陕西历史博物馆藏

广口直腹，附耳，圈足下沿直折。口下饰两道弦纹。虽无铭文，装饰简单，但保存完好，仍具有比较重要的历史价值，定为国家馆藏叁级文物。

304 铜弦纹匜

春秋（公元前770～前476年）

高17.8、宽29.1厘米

故宫博物院藏

圆体，前有流，后附兽形鋬，四足。身饰弦纹。

此匜保存完好，虽纹饰较简单，且通体为锈所掩，仍具有比较重要的历史价值，定为国家馆藏叁级文物。

305 铜兽首匜

春秋（公元前770～前476年）

高9.8、宽24.3厘米

故宫博物院藏

体椭圆，流作张口兽首形，兽首鋬，三足纤细。光素无纹饰。

此匜保存完整，虽造型简单，仍具有比较重要的历史价值，定为国家馆藏叁级文物。

306 铜六边形銎勺

战国（公元前475～前221年）

通长14.9、勺长9、宽10.9厘米

1954年湖南省长沙市黄泥坑5号墓出土

湖南省博物馆藏

前弧后窄，在勺中部内折收缩成双肩，后有长銎，銎的断面呈六边形。

铜勺在南楚墓中较为少见，此勺保存较好，具有比较重要的历史价值，定为国家馆藏叁级文物。

307　铜双肩斧

战国早期（公元前475～前4世纪初）

斧高7.2、刃宽4.9厘米

1971年湖南省长沙市浏城桥1号墓出土

湖南省博物馆藏

　　斧身近梯形，有双肩，斜弧刃，上部有长方形銎。出土时装有木柄。装柄方法是先用一直木插入銎孔，长14.5厘米，再横装一长木柄，长33.6厘米。

　　此类双肩斧过去多名为"铲"，从此斧所装垂直木柄来看，它是用于砍劈的手工工具。具有比较重要的历史价值，定为国家馆藏叁级文物。

308　铜凹字形耑

春秋（公元前770～前476年）

高9、刃宽8.7、刃部高4.6厘米

湖南省博物馆藏

　　耑，生产工具。此耑作"凹"字形，上部两侧有尖状外侈的凹槽，用以安插木叶与柄，刃平直。此锸口保存完整，具有比较重要的历史价值，定为国家馆藏叁级文物。

309　铜柳叶形鐁

春秋晚期（公元前571～前476年）

长10.5、宽2.3、厚0.4厘米

1965年湖南省长沙市五里牌1号墓出土

湖南省博物馆藏

鐁，平木工具。柳叶形，横断面上平下弧，中脊起棱，锋部上翘。光素无纹，颜色黑亮。

此鐁出自楚墓，保存完好，具有比较重要的历史价值，定为国家馆藏叁级文物。

310　铜斤

西周（公元前1046～前771年）

长9.2、刃宽3.5、銎3.6～2.3厘米

湖南省博物馆藏

整体为长条形，单面刃，一面偏上部有钉栓钉的小长方形孔，銎口长方形。

铜斤是先秦时代的常见工具之一。此斤保存完整，具有比较重要的历史价值，定为国家馆藏叁级文物。

311 铜弧刃钁

春秋（公元前770～前476年）

高6.5、刃宽5.4厘米

湖南省博物馆藏

近梯形，上半銎部有凹槽可以安装木叶，一面有一方形孔用以装柄，弧刃稍向外侈。

此钁口形制较为特殊，銎部仅一面凹缺，弧形刃。较少见，虽为一般的生产工具，但对研究古代的生产力的发展，仍具有比较重要的历史价值，定为国家馆藏叁级文物。

312 铜犁镜

唐（公元618～907年）

高30.9、宽13.3～19.1、厚0.2～0.4厘米

湖南省博物馆藏

犁镜是犁头的主要部件。此犁镜近似梯形片状，上窄下宽而弧，正面光平而弧曲，背面有双纽，以便固定犁镜，靠上部有乳丁，高2.5厘米。

犁镜装于犁铧后部，构成犁体工作曲面，可使土垡沿曲面上升翻滚。该犁镜保存较为完整，存量少，对于研究我国古代农业生产工具史具有比较重要的价值，定为国家馆藏叁级文物。

313 铜鸟兽纹车軎（1副）

春秋（公元前771年～前476年）

长8.2、唇端径8.1厘米，顶端径4.8厘米

1978年河南省固始县侯古堆出土

河南省文物考古研究所藏

軎，车器。圆筒状，一端封顶，近口处有长方形穿，用于插辖。辖为长条形，一端铸有浮雕兽首，一端有一长方形穿。軎身通体饰鸟兽纹，顶端饰涡纹。具有比较重要的历史、艺术价值，一副以一件计，定为国家馆藏叁级文物。

314 铜云纹车軎（1副）

战国早期（公元前475～前4世纪初）

高9.4、顶径5、底径8.3厘米

1971年湖南省长沙市浏城桥1号墓出土

湖南省博物馆藏

圆筒形，有突棱一道。细的一端断面呈八边形。粗的一端断面圆形，有方形辖孔。突棱和顶端饰云纹。軎有辖，辖首作兽面，兽面上饰云纹、三角雷纹、鳞纹和斜线纹。

此器保存完好，制作也较精，具有比较重要的历史价值，一副以一件计，定为国家馆藏叁级文物。

315　铜兽首车衡末饰（1副）

战国（公元前475～前221年）

长10.3、銎径2.8厘米

湖南省博物馆藏

衡末饰，车器，为车辕前端衡木两端的饰件。呈首端弯曲的圆管形，头端饰兽首，形似虎。近銎端有方形小孔，用以栓钉固定。

这件衡末饰（一副），保存较好，铸造较简朴，保存不多，具有比较重要的历史价值，一副按一件计，定为国家馆藏叁级文物。

316　铜绳索状马衔

战国早期（公元前 475～前 4 世纪初）

通长 20.6、大环径 3.65～4.55 厘米，小环径 2.75～2.9 厘米

1971 年湖南省长沙市浏城桥 1 号墓出土

湖南省博物馆藏

衔，马器。此器由两根带双环的铜杆组合而成。铜杆两端有环，一大一小，呈椭圆，两小环相套。杆作绳索状。

此件保存完整，出于大夫级的贵族墓中，具有比较重要的历史价值，定为国家馆藏叁级文物。

317　铜鸟形部件（1 副）

战国早期（公元前 475～前 4 世纪初）

通长 14.2、长方框长 5、链长 9.6 厘米

1971 年湖南省长沙市浏城桥 1 号墓出土

湖南省博物馆藏

此器以一长方形框为主体，方框长边的一侧铸一鸟首，另一侧铸成鸟上翘的长尾，稍残，一侧短边有一环，连 3 节链条。同墓出两件。另一件的链条在下边。

此物系车马部件，但具体用途不详，具有比较重要的历史价值，一副按一件计，定为国家馆藏叁级文物。

318 铜云纹车门活页

战国早期（公元前475～前4世纪初）

通长6.4、宽3.4、厚1厘米

1971年湖南省长沙市浏城桥1号墓出土

湖南省博物馆藏

活页用两块长方形铜片夹合，中间留有0.4厘米的空隙，顶端有环纽，中贯圆轴，可以活动。轴长2.8、径0.5厘米。两面饰云纹，在云纹中有4个小孔，用栓钉可将活页钉牢。此件铜活页铸制较精，保存完整，具有比较重要的历史和艺术价值，定为国家馆藏叁级文物。

319 铜瓦纹灯

西汉（公元前206～25年）

通高7、盘径11厘米

1998年陕西省西安市北郊长庆小区出土

陕西省考古研究所藏

直口浅盘，柄束腰，喇叭形足。盘的中央有一插蜡烛的支钉。盘腹外饰瓦纹。此灯出土于西汉墓葬中，保存完好，对于研究西汉社会生活有比较重要的历史价值，定为国家馆藏叁级文物。

320 铜虎子

西汉晚期（公元前48～25年）

长30、口径5.9厘米

1959年湖南省长沙市五一路7号墓出土

湖南省博物馆藏

卧虎形，昂首，圆口，圆臀，平底。背上有扁条形提梁。

西汉铜质便溺器，存量甚少，此件虽素面，且提梁已弯折，仍具有比较重要的历史价值，定为国家馆藏叁级文物。

321 铜带盖唾壶

南北朝（公元420～589年）

通高10.5、口径9.8厘米

湖南省博物馆藏

上有盖，盖的周边翻卷扣于壶口，盖面下凹，中有一圆孔，直径2厘米。壶身为直唇，束颈，鼓腹，矮圈足。素面。

唾壶为承唾之器，出土者以陶瓷器居多。此唾壶保存较好，而且有盖，具有比较重要的历史价值，定为国家馆藏叁级文物。

322 铜提梁封泥筒

西汉（公元前206～25年）

通高27.2、口径9.2厘米

陕西省子长县谢家河出土

陕西省考古研究所藏

直圆筒形，两侧有铺首。耳与提梁以链条相连。提梁呈扁条弓形，两头有龙头。通体光素。盖中央有一个环纽，筒底3小足。下腹有4厘米长的破洞。此筒具有比较重要的历史价值，定为国家馆藏叁级文物。

323 铜鸟形带钩

战国（公元前475～前221年）

长3.6、钩面宽2、纽径1.2厘米

1957年湖南省长沙市左家塘A区44号墓出土

湖南省博物馆藏

带钩作飞鸟形。钩首为鸟头形，坡面平喙，双眼圆突，作展翅欲飞状，尾呈连弧扇形。双翅及尾上饰云纹及羽翅纹。扣纽椭圆。

此带钩保存完好，造型较新颖，具有比较重要的历史和艺术价值，定为国家馆藏叁级文物。

324　铜叶脉形镂孔熏炉

　　西汉晚期（公元前48~25年）

　　通高16、口径7.6~7.8厘米

　　1965年湖南省长沙市树木岭1号墓出土

　　湖南省博物馆藏

　　炉身子口，圆腹，下有细圆柄，喇叭形圈足。盖上的镂孔分为四等分，每部分似叶脉形排列，镂孔多作长条形，少数近三角形，全器共有60个孔。炉内尚存木炭5块。

　　此器具有比较重要的历史价值，定为国家馆藏叁级文物。

325　铜博山炉

　　西汉（公元前206~25年）

　　通高11.2厘米

　　陕西省境内出土

　　陕西省考古研究所藏

　　炉身如豆，盖呈山峰形，上有镂孔以通烟气，座饰变形蟠螭纹，保存完好，它对于研究西汉社会生活有比较重要的历史价值，定为国家馆藏叁级文物。

326 铜镂空云龙纹手炉

清 (1644～1911 年)

通高 9.5、腹径 14 厘米

湖南省博物馆藏

炉为圆形,有平盖,器身直唇,扁腹,矮圈足。腹两侧有兽首形耳,盖上镂空云龙纹,龙身蟠曲,龙首居中。炉外底有阳文楷书"大明宣德年制"款。

此手炉形制较为少见,镂空龙纹较为生动,具有比较重要的艺术价值,定为国家馆藏叁级文物。

327 铜活柄熨斗

唐（公元618～907年）

长26.5、斗径10.5、活动柄长13厘米

1958年湖南省长沙市九尾冲3号墓出土

湖南省博物馆藏

斗作圆盘形，口沿斜而外折，直壁浅腹，平底。装柄处口沿加宽，呈双弧形。柄扁平，可以上下活动。全器光素无纹。

此熨斗外表光素，柄可活动，具有比较重要的历史价值，定为国家馆藏叁级文物。

328 铜双钉棺环

战国（公元前475～前221年）

通长11.5、宽7.1、环径7.1厘米

1971年湖南省长沙市烈士公园1号墓出土

湖南省博物馆藏

此器由兽面、环和钉三部分组成。兽面有双角、双耳、大凤眼，用云纹线条组成纹饰，云纹尾部有乳丁突起，面有鱼鳞形纹，口衔圆环，背面横出柱形钉两颗，用以扦入棺木固定。

此件铸制较精，出土地点和用途明确，具有比较重要的历史和艺术价值，定为国家馆藏叁级文物。

329　铜猎犬食鹿饰牌

西汉（公元前206～25年）

高5.5、宽10.9厘米

故宫博物院藏

长方形。主纹透雕一鹿一犬，犬俯身躬腰，咬住鹿的脖子，鹿的前腿卷曲跪于地，后腿弯曲，伸颈昂头，作垂死的挣扎之状。这件饰牌生动地再现了动物之间的弱肉强食的情景，具有比较重要的艺术价值，定为国家馆藏叁级文物。

330　铜异兽饰

西汉（公元前206～25年）

高5.6、宽8.2厘米

故宫博物院藏

此件主体兽形似虎，在其身周围，有的似牛头、马头和羊头。如此一身四首的铜饰，体现了工匠的丰富想象力，具有比较重要的历史和艺术价值，定为国家馆藏叁级文物。

一般文物

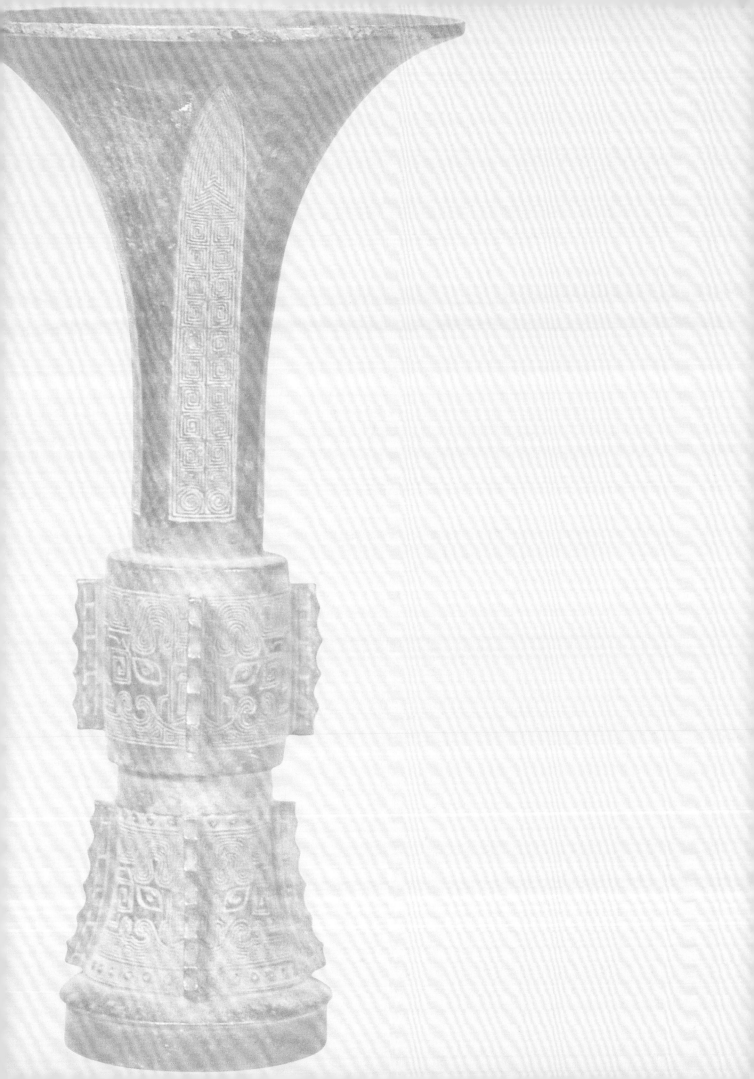

331　铜弦纹附耳鼎

宋（公元960～1279年）

高9、口径11厘米

中国文物信息咨询中心藏

此鼎仿古制作，鼎腹有一周弦纹，其余皆为光素，器身为黑色，上面残留少量鎏金金片，原器应有盖，已失。具有一定的历史价值，定为国家馆藏一般文物。

332　铜兽面蕉叶纹鼎

明（1368～1644年）

高17、口径11.5厘米

中国文物信息咨询中心藏

此鼎仿古，全器表面黑色，为明代供器，具有一定的历史价值，定为国家馆藏一般文物。

333 铜兽面纹扁足方鼎

明 (1368～1644 年)

高18、宽14厘米

中国文物信息咨询中心藏

俗称"马槽鼎"，仿商周样式，全器表面黑色，为明代供器。具有一定的历史价值，定为国家馆藏一般文物。

334 铜鸟兽纹方鼎

清 (1644～1911 年)

通高19、口长12.4、口宽9.7厘米

湖南省博物馆藏

长方形，双立耳，直腹，平底，四柱足。腹有8条扉棱，器身以雷纹为地，饰八鸟四兽面。

此鼎依商周铜方鼎仿制，具有一定的历史价值，定为国家馆藏一般文物。

335 铜兽面纹双兽耳簋

元（1271～1368年）

高9、口径12.5厘米

中国文物信息咨询中心藏

此簋为元代仿古器物。造型、花纹装饰及铜的质地与商周相差甚远，全器表面为黑色，为供器，具有一定的历史价值，定为国家馆藏一般文物。

336 铜戈爵

西周早期（公元前1046～前977年）

通高20厘米

陕西省岐山县贺家村出土

陕西省考古研究所藏

圆底，双柱，兽首鋬。腹饰1周兽面纹，鋬下铸有"戈"字铭文。出土时流及一柱残缺，具有一定的历史价值，定为国家馆藏一般文物。

337　铜素面壶

战国中期（公元前4世纪初～前4世纪末）

通高33.8、口径9.3、腹径19.6厘米

1955年湖南省长沙市砚瓦池1号墓出土

湖南省博物馆藏

　　盖隆起，有子口，上立3个环纽。壶身直口、长颈，圆腹，高圈足外侈。腹两侧有兽面，衔环已失。胎较薄。全身素面。为较常见的楚式铜壶，虽年代较早，但破损严重，经修复，具有一定的历史价值，定为国家馆藏一般文物。

338　铜宣德款双耳壶

清（1644～1911年）

通高30.5、口径11.2厘米

湖南省博物馆藏

　　小口，长颈，鼓腹，圈足。颈两侧有兽首衔环，颈前后铸有阳文"福、寿、禄"3字。腹饰花果纹，以海水纹为地纹。底铸有"大明宣德年制"6字铭文。此壶有宣德款，铸制较粗，为清代作品，具有一定的历史价值，定为国家馆藏一般文物。

339　铜福寿纹多穆壶

清（1644～1911年）

高17、口径9.8厘米

故宫博物院藏

多穆壶，盛奶茶用器。此壶圆体，平底。前有流，后有两个活动把手。口、腹、底饰凸棱各1道，流衬蝴蝶纹，壶体饰蝙蝠纹及寿字。"多穆"为蒙古族语奶茶的音译。

此多穆壶具有典型的蒙古民族风格，虽缺盖，仍具有一定的历史价值，定为国家馆藏一般文物。

340　铜桃形倒流壶

清（1644～1911年）

通高12.8、腹最宽18.8、底径12厘米

湖南省博物馆藏

壶作桃形，前有弯管状流，后有弓形把手，底中焊接有一粗圆管。上端无盖。身饰桃叶。

此壶设计巧妙，制作较精，年代虽晚，仍具有一定的艺术价值，定为国家馆藏一般文物。

341 铜素面盘

战国中期（公元前4世纪初～前4世纪末）

高10.5、口径48.8厘米

1954年湖南省长沙市黄泥坑5号墓出土

湖南省博物馆藏

斜折沿，浅腹，底外凸。两侧有环，用铆钉与器连接。素面，铸制较粗。这是较常见的楚式铜盘，经修复，具有一定的历史价值，定为国家馆藏一般文物。

342 铜三足盘

西汉（公元前206～25年）

高9.4、径46厘米

故宫博物院藏

圆形，浅腹，下有足。造型简单，铸造不精，且已变形，具有一定的历史价值，定为国家馆藏一般文物。

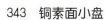

343　铜素面小盘

唐（公元618～907年）

高2.1、口径15.4厘米

1965年湖南省长沙市九尾冲3号墓出土

湖南省博物馆藏

绿色。侈口，浅腹，平底。全身光素。具有一定的历史价值，定为国家馆藏一般文物。

344　铜素面匜

战国中期（公元前4世纪初～前4世纪末）

高6.4、通长24、口宽20厘米

1955年湖南省长沙市砚瓦池1号墓出土

湖南省博物馆藏

器壁甚薄，椭圆，前有流，后有小环纽（环已失），平底。全身素面，具有一定的历史价值，定为国家馆藏一般文物。

345　铜素面耳杯

西汉早期（公元前206～前141年）

高4、宽17.5厘米

故宫博物院藏

椭圆体，浅腹，侈口，双鋬耳，平底，无纹饰。铜耳杯传世较多，这件造型简单，无纹饰，具有一定的历史价值，定为国家馆藏一般文物。

346　铜素面耳杯

东汉（公元25～220年）

高4.9、长16.1、宽11.9厘米

1960年湖南省长沙市东屯渡1号墓出土

湖南省博物馆藏

椭圆形。新月形耳，平外折，平底，有很矮的椭圆形实足。全身素面，保存尚好，具有一定的历史价值，定为国家馆藏一般文物。

347　铜弦纹碗

东汉（公元25～220年）

高6.1、口径9.3厘米

1957年湖南省长沙市

小林子冲1号墓出土

湖南省博物馆藏

圆唇，圆腹，圈足外撇。腹饰双凸
弦纹。

此铜碗纹饰简单，腹有一小洞，具
有一定的历史价值，定为国家馆藏一般
文物。

348　铜洗

西汉（公元前206～25年）

高11、口径21.9、底径11厘米

2005年河南省洛阳市征集

河南省洛阳市龙门博物馆藏

敞口，折沿圆唇，弧腹，平底。腹
上部有1周扁箍，箍中间有1周凸棱。
腹中部对称有1对铺首衔环耳。器壁
较薄。具有比较重要的历史、艺术价
值，定为国家馆藏一般文物。

349　铜蟾形水丞

明（1368～1644 年）

高 9、长 17.5 厘米

中国文物信息咨询中心藏

此水丞为蟾形，属文房用品，具有一定历史价值，定为国家馆藏一般文物。

350　铜素面盆

西汉（公元前 206～25 年）

高 10.5、口径 27.5 厘米

陕西省出土

陕西省考古研究所藏

敞口，收腹，平底。窄口沿，壁极薄，通体光素，铸制粗，具有一定的历史价值，定为国家馆藏一般文物。

351　铜兽面纹出戟方花觚

　　明（1368～1644 年）

　　高 18.5、口径 11 厘米

　　中国文物信息咨询中心藏

　　此觚造型、纹饰仿商周样式。全器表面为黑色，为明代供器，具有一定的历史价值，定为国家馆藏一般文物。

352　铜蕉叶纹出戟觚

　　明（1368～1644 年）

　　高 24、口径 12.5 厘米

　　中国文物信息咨询中心藏

　　此觚为常见的仿古铜器，全器表层为黑色，纹饰属明代风格，具有一定的历史价值，定为国家馆藏一般文物。

353 铜折枝花花觚

明（1368～1644 年）

高 11、口径 8 厘米

中国文物信息咨询中心藏

样式仿古，但花口和器身雕有折枝花则表现了明代风格，全器为黑色，具有一定的历史价值，定为国家馆藏一般文物。

354 铜蕉叶锦地兽面纹六方双耳瓶

南宋（1127～1279 年）

高 21、口径 7.5 厘米

中国文物信息咨询中心藏

此瓶为六方体，自上而下纹饰分为六层，为宋代仿古器。用于陈设或祭祀，具有时代特征，有一定的历史、艺术价值，定为国家馆藏一般文物。

355　铜鸟纹贯耳瓶

元（1271～1368 年）

高 19.5、口径 3.2 厘米

中国文物信息咨询中心藏

此瓶全身黑色，自上而下分为四层花纹，瓶的腹部为鸟纹，器物造型和所铸的花纹装饰为元代风格，具有一定的历史价值，定为国家馆藏一般文物。

356　铜高浮雕螭纹瓶

明（1368～1644 年）

高 13、口径 2.5 厘米

中国文物信息咨询中心藏

全器黑色，颈部饰螭虎龙，其头部形成一环形錾耳，具有一定的历史价值，定为国家馆藏一般文物。

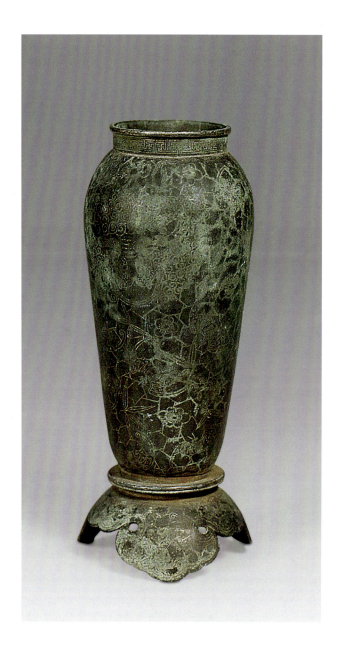

357　铜嵌银丝梅竹花瓶

清（1644～1911年）

高11、口径8厘米

中国文物信息咨询中心藏

　　此瓶上嵌银丝花纹，为梅竹、蝙蝠，下为如意云头座，底有"尹潘"铭。具有一定的历史、艺术价值，定为国家馆藏一般文物。

358　铜喜鹊登梅花插

明（1368～1644年）

高13.5、口径5厘米

中国文物信息咨询中心藏

　　仿梅桩出枝开花，上有喜鹊，俗称"喜鹊登梅"也称"喜上眉梢"，为当时的民间工艺品，具有一定的历史价值，定为国家馆藏一般文物。

359　铜兽耳香炉

清（1644～1911年）

高6.5、口径9厘米

中国文物信息咨询中心藏

此香炉造型规整，双耳铸造清晰，底饰"大明宣德年制"款，此炉为清代制作，存量较多，具有一定的历史价值，定为国家馆藏一般文物。

360　铜索耳香炉

清（1644～1911年）

高7、口径8厘米

中国文物信息咨询中心藏

此炉为供器，外底有"大明宣德年制"楷书款。此炉为清代制作，具有一定的历史价值，定为国家馆藏一般文物。

361　铜宣德款香炉

清（1644～1911年）

通高8.3、口径12.5厘米

湖南省博物馆藏

扁圆体，上立月牙形双耳，鼓腹下垂，圜底，下有三乳丁足。外底铸"大明宣德年制"三行6字款，为清代制作。保存完整，具有一定的历史价值，定为国家馆藏一般文物。

362　铜椭圆形手炉

清（1644～1911年）

通高8.8、长8.1、宽6.8厘米

湖南省博物馆藏

椭圆形，平底。炉身两侧有活动提梁。盖上有细密的网状小孔，中饰一叶，腹刻花纹。具有一定的历史价值，定为国家馆藏一般文物。

363　铜"西义丰造"熨斗

　　明（1368～1644 年）

　　高 6.5、通长 15 厘米

　　中国文物信息咨询中心藏

　　铸造粗糙，外壁有"西义丰造"款
识，此为生活用品，具有一定的历史价
值，定为国家馆藏一般文物。

364　铜牡丹纹熨斗

　　1911～1949 年

　　通长 15.3、高 7.4

　　口径 10.6～12 厘米

　　湖南省博物馆藏

　　椭圆形斗，一端有扦口，底光平。斗
身饰牡丹等花纹，以雷纹为地纹。具有
一定的历史价值，定为国家馆藏一般文
物。

365 铜豆形灯

西汉（公元前206～25年）

高22.8、盘径12厘米

1956年湖南省长沙市黄泥坑5号墓出土

湖南省博物馆藏

灯如豆形，直壁，浅腹，平底。盘中心有支钉。盘下有喇叭形高足。具有一定的历史价值，定为国家馆藏一般文物。

366 铜人形座烛台

清（1644～1911年）

高13.8、盘径8.8厘米

湖南省博物馆藏

人顶盘形。下有人形座。灯盏作直壁浅盘形。灯座铸成单膝跪人形。此人上身赤裸，赤足，右手曲举扶灯盏。竖眉，高鼻，胡须浓密，身系披肩、绶带。具有一定的历史价值，定为国家馆藏一般文物。

367　铜圆形烟盒

1911～1949年

高5.9、直径6.8厘米

湖南省博物馆藏

盒系盛装旱烟丝的用具。近圆形，上有平盖，并有一活动小栓，将盒侧向一边，可自动拴上。背有两个弧形挂纽，可将烟盒挂于皮带上。盖中饰菊花，腹饰"太极"图案。具有一定的历史价值，定为国家馆藏一般文物。

368　铜宽刃斤

商代前期（公元前1600～前1300年）

高8.8、宽5.8厘米

故宫博物院藏

形似斧，上部有銎，器身中有孔。无纹饰。此类铜斤传世较多，具有一定的历史价值，定为国家馆藏一般文物。

369　铜斤

西周（公元前1046～前771年）

长15.7、刃宽3.8、銎长4.5、宽2.9厘米

湖南省博物馆藏

方条形，两面刃，上有长方形銎，近銎部有一道凸线，用以加固銎部，此线下有一长方形栓钉小孔，中部饰一条竖棱，其余光素。铜斤本是当时普通的工具，但留传下来的数量并不很多，虽銎部已残，仍具有一定的历史价值，定为国家馆藏一般文物。

370　铜宽刃钺

春秋（公元前 770～前 476 年）

残高 7.8、刃宽 11.4 厘米

湖南省博物馆藏

　　窄銎，大弧形刃，两刃角外撇，钺身两面在一短斜线组成的框内铸有图案。

　　此钺图案少见，具有越文化的特点，虽然銎部已残，仍具有一定的历史价值，定为国家馆藏一般文物。

371　铜单肩斧

战国（公元前 475～前 221 年）

长 8.6、刃宽 7.1、銎长 5、銎宽 1.5 厘米

湖南省博物馆藏

　　近梯形，一侧斜直，另一侧内弧，形成单肩。两面刃。具有一定的历史价值，定为国家馆藏一般文物。

372　铜条形凿

春秋（公元前 770～前 476 年）

长 11.7、刃宽 1.5 厘米

湖南省博物馆藏

　　木工工具。此凿作长条形，单面刃，刃近平，上有梯形銎。正面上部有一大一小两个钉孔。具有一定的历史价值，定为国家馆藏一般文物。

373　铜双肩斧

春秋（公元前770～前476年）

长6、刃宽5.8厘米

湖南省博物馆藏

上半有竖长方形銎，下半为横长方形钺身，弧刃，宽折肩。具有一定的历史价值，定为国家馆藏一般文物。

374　铜三角形刀

唐（公元618～907年）

长8.4、刃长6.6、厚0.2厘米

1955年湖南省长沙市丝茅冲C区39号唐墓出土

湖南省博物馆藏

刀身近三角形，斜弧刃，后有长方形内。刀身靠前锋处上翘一角，使器形稍有变化，具有一定的历史价值，定为国家馆藏一般文物。

375　铜凹字形甫

西周（公元前1046～前771年）

高7.6、宽11.4厘米

湖南省博物馆藏

整体作凹字形，銎为长方形，中间有凹口，平刃，已残损。具有一定的历史价值，定为国家馆藏一般文物。

376　铜菱形纹銮铃

西周（公元前 1046～前 771 年）

高 16.8、宽 8.9 厘米

故宫博物院藏

銮铃，车饰。此銮铃作圆形，饰放射形镂空纹，下有长方形銎，饰菱形纹，銎上有后人加刻铭文 2 字。该铃年代虽早，保存完整，但锈蚀较多，铭文后刻，具有一定的历史价值，定为国家馆藏一般文物。

377　铜蝉纹盖弓帽

战国早期（公元前 475～前 4 世纪初）

长 5.5 厘米

1971 年湖南省长沙市浏城桥 1 号墓出土

湖南省博物馆藏

圆管状，上粗下细，一侧伸出一弯钩，可以钩住伞盖之边缘。靠銎口一端饰绳纹和蝉纹，有一钉孔。具有一定的历史价值，每件定为国家馆藏一般文物。

378 铜马镳（1副）

西周早期（公元前1046～前977年）

直径8.7厘米

陕西省岐山县贺家村出土

陕西历史博物馆藏

盘旋如螺形，正面随盘旋状鼓起，中有穿马衔的圆孔，背面有3个半圆形小纽。具有一定的历史价值，一副定为国家馆藏一般文物。

379 铜泡

西周早期（公元前1046～前977年）

直径6.3厘米

陕西省岐山县贺家村出土

陕西省考古研究所藏

圆形，凸面，光素，背有十字梁，用以装饰系皮条，具有一定的历史价值，定为国家馆藏一般文物。

380 铜弦纹车軎

西周（公元前1046～前771年）

长12.2、径5厘米

故宫博物院藏

圆筒形，兽首辖。此类车軎传世较多，应为2件一套，现仅存一件，且已锈蚀，具有一定的历史价值，定为国家馆藏一般文物。

381 铜素面环

战国早期（公元前475～前4世纪初）

直径7、厚0.5厘米

1971年湖南省长沙市浏城桥1号墓出土

湖南省博物馆藏

圆形，横断面也是圆形。素面。部分锈蚀。此环是车上配件，具有一定的历史价值，定为国家馆藏一般文物。

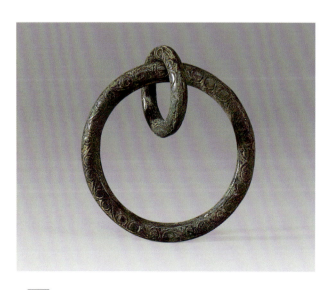

382 铜云纹双连环

战国早期（公元前475～前4世纪初）

大环直径6、高0.6、小环直径3厘米

1971年湖南省长沙市浏城桥1号墓出土

湖南省博物馆藏

此器由两环相套而成。两环一大一小，上饰S状云纹。此物是车马配件，为数较少，具有一定的历史价值，定为国家馆藏一般文物。

383　铜曲棒形带钩

汉（公元前 206～220 年）

长 11.6 厘米

1973 年采集

河南省文物考古研究所藏

兽首形钩头，身较长，呈曲棒形，上部鼓起呈弧形，背部有一圆纽头，通体素面。具有一定的历史价值，定为国家馆藏一般文物。

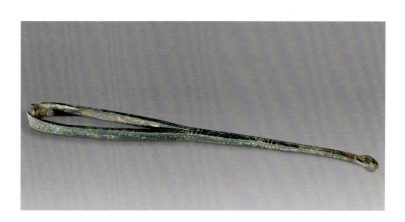

384　铜镊子

唐（公元 618～907 年）

长 6.1、挖耳径 0.6、夹宽 0.7 厘米

1953 年湖南省长沙市斗笠坡 45 号墓出土

湖南省博物馆藏

此器为挖耳与镊子复合用具。一端为挖耳勺，另一端为镊子，具有一定的历史价值，定为国家馆藏一般文物。

385　杨镒泰铜梳

清（1644～1911 年）

长 20.4、宽 8、背厚 0.5 厘米

湖南省博物馆藏

梳作弧背长方形，共有 51 齿。梳背的一侧偏右刻有楷书"杨镒泰"3 字，为生产者字号。具有一定的历史价值，定为国家馆藏一般文物。

386　铜琵琶形锁

　　清（1644～1911年）

　　通长15.9、宽7厘米

　　湖南省博物馆藏

　　整体作琵琶形。上半部略呈长方形，并稍向后弯曲，两侧有系弦之轸。下半部作圆形。锁物的圆柱安于琵琶背面。下端中央有开锁的圆孔，直径0.6厘米。具有一定的历史价值，定为国家馆藏一般文物。

387　铜水牛形锁

　　清（1644～1911年）

　　高6.5、长10.6厘米

　　湖南省博物馆藏

　　此锁作伏卧水牛形，锁的圆柱呈L形，由牛头伸出，穿于翘起的牛尾上。开锁钥匙孔在牛臀部，作T形。具有一定的历史、艺术价值，定为国家馆藏一般文物。

388　铜马形锁

　　清（1644～1911年）

　　长11.1、宽8.5厘米

　　湖南省博物馆藏

　　整体呈马形。马伸颈站立，短尾。形象逼真。锁物的圆柱安于马身的一侧，钥匙孔在马臀部，作T形。具有一定的历史价值，定为国家馆藏一般文物。

389　铜螃蟹形锁

清 (1644～1911 年)

通高 6.9、长 8.9 厘米

湖南省博物馆藏

锁作螃蟹形，蟹螯上举钳住锁之圆柱，下有足 3 对，钥匙孔作葫芦形。具有一定的历史价值，定为国家馆藏一般文物。

390　铜三眼铳

1911～1949 年

长 24.1、宽 4.3～4.7、柄长 14.6 厘米

湖南省博物馆藏

铳是响器。此铳上半部呈三角形，有 3 个圆孔可装火药，靠下部各有一个插引火线的小孔，外有横箍 5 道加固，后接圆管状銎。常用于婚丧、社火等场合，具有一定的历史价值，定为国家馆藏一般文物。

391　棺用铜锔钉

　　战国早期（公元前475～前4世纪初）

　　长15.7、宽2.3、厚1.5厘米

　　湖南省博物馆藏

　　1971年湖南省长沙市浏城桥1号墓出土

　　扁条形，两端折成直角，一长一短，使用于外棺壁板拼接处，具有一定的历史价值，定为国家馆藏一般文物。

392　铜牵骆驼纹饰牌

　　西汉（公元前206～25年）

　　高4.5、宽5.5厘米

　　湖南省博物馆藏

　　长方形，镂空，人一手牵骆驼，一手梳理驼毛，颇有情趣，虽人物的头已残缺，仍具有一定的艺术价值，定为国家馆藏一般文物。

393　铜犀牛望月镜座

清（1644～1911年）

通高11.9、长20.6、宽10.6厘米

湖南省博物馆藏

镜座为一伏卧犀牛，右前足伸出，尾绕至左后腿前，回首望月。身饰云纹。具有一定的历史、艺术价值，定为国家馆藏一般文物。

编 后 记

　　此书在编辑过程中，得到了国家文物局各级领导的支持，得到了故宫博物院、国家博物馆、中国文物信息咨询中心、中国社会科学院考古研究所、河南省文物局、河南省文物考古研究所、陕西省文物局、陕西省文物考古研究所、湖北省文物考古研究所、湖北省博物馆、湖南省博物馆、上海博物馆、广西壮族自治区博物馆、云南省博物馆、广州西汉南越王墓博物馆、甘肃省博物馆、四川省博物馆、四川省文物考古研究所、文物出版社和北京豪德文化发展有限公司的大力帮助。

　　在编辑过程中，史树青、刘巨成、朱家溍、孙机、刘雨、丁孟、华义武等先生参加了此卷的审稿会，并提出了很好的修改意见。

　　赵立业、王蔚波先生负责部分图片的审核和拍摄工作。

　　在编辑室工作的王寅、张克义、王紫岩等，为此卷出版付出了劳动。

　　在此一并表示感谢！

编委会

2006 年 6 月

图书在版编目（CIP）数据

文物藏品定级标准图例·第2卷，铜器卷／国家文物鉴定委
员会编．—北京：文物出版社，2006.10
　ISBN 7-5010-1914-2

　I.文…　II.国…　III.①文物－鉴定－标准－图
集②铜器（考古）－鉴定－标准－图集　IV.K854.2-65

　中国版本图书馆CIP数据核字（2006）第047097号

文物藏品定级标准图例·铜器卷

国家文物局国家文物鉴定委员会　编

文物出版社出版发行
（北京东直门北小街2号）
http://www.wenwu.com
E-mail:web@wenwu.com
2006年10月第一版　2006年10月第一次印刷
北京文博利奥印刷有限公司制版
文物出版社印刷厂印刷
889×1194　1/16　印张 20.75
新华书店经销
ISBN 7-5010-1914-2/K·1008
定价：450.00元